**como
arrumar
a casa
quando
a vida
está
caótica**

kc davis

como arrumar a casa quando a vida está caótica

uma abordagem **afetuosa** sobre
limpeza e **organização**
para você se livrar da **culpa**

Título original: *How to Keep House While Drowning*
Copyright © 2022 por Katherine Davis
Copyright da tradução © 2023 por GMT Editores Ltda.

Todos os direitos reservados. Nenhuma parte deste livro pode ser utilizada ou reproduzida sob quaisquer meios existentes sem autorização por escrito dos editores.

tradução: Ivanir Calado
preparo de originais: Raïtsa Leal
revisão: Priscila Cerqueira e Rachel Rimas
projeto gráfico: Jennifer Chung
imagens de miolo: Lydia Ellen Greaves
adaptação de projeto gráfico: Natali Nabekura
capa: Angelo Bottino
imagem de capa: Saemilee
impressão e acabamento: Lis Gráfica e Editora Ltda.

CIP-BRASIL. CATALOGAÇÃO NA PUBLICAÇÃO
SINDICATO NACIONAL DOS EDITORES DE LIVROS, RJ

D293c
    Davis, KC
        Como arrumar a casa quando a vida está caótica / KC Davis ; [tradução Ivanir Calado]. - 1. ed. - Rio de Janeiro : Sextante, 2023.
        192 p. : il. ; 21 cm.

        Tradução de: How to keep house while drowning
        ISBN 978-65-5564-603-0

        1. Limpeza - Aspectos psicológicos. 2. Limpeza e organização da casa.
I. Calado, Ivanir. II. Título

23-82228   CDD: 648.5
                                   CDU: 648.5

Gabriela Faray Ferreira Lopes - Bibliotecária - CRB-7/6643

Todos os direitos reservados, no Brasil, por
GMT Editores Ltda.
Rua Voluntários da Pátria, 45 – Gr. 1.404 – Botafogo
22270-000 – Rio de Janeiro – RJ
Tel.: (21) 2538-4100 – Fax: (21) 2286-9244
E-mail: atendimento@sextante.com.br
www.sextante.com.br

Este livro é dedicado à minha família.

sumário

como ler este livro 11

introdução 12

1. as tarefas de cuidado são moralmente neutras 23
2. gentileza com o seu eu do futuro 25
3. para todos os excluídos pela autoajuda 27
4. desenvolvendo habilidades gentis: o método de arrumação das cinco coisas 33
5. papo amável com você mesmo: a bagunça não tem significado inerente 38
6. as tarefas de cuidado são funcionais 43
7. papo amável com você mesmo: encontre o observador compassivo 50

- **8.** organizado não é o mesmo que arrumado — 54
- **9.** maria deprimida — 58
- **10.** desenvolvendo habilidades gentis:
  o pontapé inicial na motivação — 60
- **11.** as tarefas de cuidado são cíclicas — 69
- **12.** desenvolvendo habilidades gentis:
  como estabelecer prioridades funcionais — 72
- **13.** as mulheres e as tarefas de cuidado — 76
- **14.** desenvolvendo habilidades gentis:
  como lavar roupa — 78
- **15.** você não pode salvar a floresta tropical
  se estiver deprimido — 87
- **16.** deixe as bolas de plástico caírem — 90
- **17.** desenvolvendo habilidades gentis:
  como lavar louça — 96
- **18.** quando você não tem filhos — 100
- **19.** quando é difícil tomar banho — 102
- **20.** como cuidar do seu corpo quando você
  odeia fazer isso — 110
- **21.** papo amável com você mesmo:
  "tenho permissão de ser humano" — 112
- **22.** bom o bastante é perfeito — 114

23. desenvolvendo habilidades gentis: como trocar a roupa de cama — 116

24. descansar é um direito, não uma recompensa — 117

25. divisão de trabalho: o descanso deve ser justo — 123

26. desenvolvendo habilidades gentis: banheiros — 132

27. desenvolvendo habilidades gentis: um sistema para manter seu carro limpo — 134

28. quando seu corpo não coopera — 135

29. contribuir é moralmente neutro — 137

30. faxina e trauma familiar — 140

31. familiares que criticam — 145

32. ritmos em vez de rotinas — 147

33. desenvolvendo habilidades gentis: manutenção de um espaço — 154

34. meu ritual predileto: encerrar tarefas — 161

35. déficit de capacidade *versus* déficit de apoio — 165

36. terceirizar tarefas de cuidado é moralmente neutro — 167

37. malhação é um saco — 170

38. o seu peso é moralmente neutro — 173

39. a comida é moralmente neutra — 175

40. voltando ao ritmo 178

41. você merece um domingo lindo 179

agradecimentos 181

apêndice 1 183

apêndice 2 186

como ler este livro

este livro foi projetado tendo em vista o máximo de acessibilidade para leitores neurodivergentes. O texto é impresso em fonte sem serifa e alinhado à esquerda com o objetivo de facilitar a leitura. Os parágrafos e os capítulos são curtos, e os pontos principais estão em negrito para atender às necessidades de foco e compreensão. Além disso, são oferecidas interpretações literais para quaisquer metáforas usadas, em nome do entendimento.

Meu objetivo é que o livro seja abrangente sem ser longo ou intimidador demais, mas se você sentir que não consegue ler tudo agora, por favor, siga minha jornada de atalhos. Esse caminho mais breve só deve lhe custar uns 30 minutos, no máximo uma hora, dependendo da sua velocidade de leitura. Comece pela primeira página.

introdução

em fevereiro de 2020, tive meu segundo bebê. Depois de lutar contra a ansiedade pós-parto na primeira gravidez e sabendo que o meu marido teria que trabalhar sete dias por semana no novo emprego, elaborei um plano detalhado de apoio pós-parto para mim mesma. Minha outra filha iria para a creche quatro dias por semana, parentes fariam rodízio nos primeiros dois meses, uma faxineira viria uma vez por mês e o pessoal do grupo de novas mães que eu tinha ajudado a formar passaria para trazer comida e dar uma mãozinha. Eu estava orgulhosa do meu plano – que terminou antes mesmo de começar. Três semanas depois de eu dar à luz anunciaram a quarentena por conta da covid-19, e a coisa toda desmoronou da noite para o dia.

O mundo ficou muito pequeno. Muito rápido. Os dias se emendavam em uma corrente insone de dificuldades de amamentação, birras da minha filha mais velha e, em pouco tempo, depressão. Entorpecida e sobrecarregada pelo isolamento, vi minha casa desmoronar ao meu redor. Tentava todos os dias arrumar um jeito de cuidar das necessidades de um bebê e de uma criança pequena ao mesmo tempo, e toda noite ia para a cama assombrada pelo fracasso. Deitada, ousava pensar em coisas que eu tinha até medo de falar em voz alta: "E se eu cometi um erro enorme? Talvez eu só consiga ser uma boa mãe para uma criança. Talvez eu não tenha capacidade de cuidar de duas. Não entendo como alguém faz isso. Estou fracassando com elas." Um dia, minha irmã começou a me mandar vídeos engraçados do TikTok. "Você precisa instalar esse aplicativo de vídeos. Acho que pode render umas boas risadas." Cedi e um dia até tive coragem de fazer uma postagem: um vídeo zombando do desastre em que nossa casa tinha se transformado. Ao som de um áudio viral que repetia em looping que nada seria feito naquele dia, eu mostrava imagens da minha sala bagunçada, da minha pia cheia de louça e da panela de enchilada que eu tinha largado ali havia três dias. Coloquei na legenda "Nada de sonhos impossíveis por aqui!" e acrescentei a hashtag #amamentação. Imaginei que, vindas dos anais da internet, mães de toda parte se uniriam para rir solidárias da dificuldade de se ter um recém-nascido em casa. Mas em vez disso recebi o seguinte comentário:

Pronto. A palavra que tinha me assombrado durante grande parte da minha vida. Como eu era uma mulher bagunceira e criativa

Preguiçosa.

com um TDAH não diagnosticado, essa palavra tinha uma força profunda e cortante sobre mim. Senti a voz que me visitava todas as noites se arrastar como uma cobra se enrolando no meu pescoço e sibilando no meu ouvido: "Viu? Eu disse que você estava fracassando." O que minha experiência profissional como terapeuta tinha me mostrado repetidamente não era que se sentir sobrecarregada é um fracasso pessoal, e sim que – como a maioria de vocês deve saber – o abismo entre o que sabemos na mente e o que sentimos no coração costuma ser intransponível. Naquele momento não consegui deixar de absorver aquela mentira de que minha incapacidade de manter uma casa limpa era uma prova direta da minha profunda falha de caráter: a preguiça.

Só que isso não poderia estar mais longe da verdade. Eu tinha dado à luz sem usar medicamentos contra a dor depois de fazer uma pesquisa e um planejamento meticulosos; tinha bombeado leite a cada três horas para nutrir minha filha enquanto ela estivesse na UTI neonatal; e continuei acordando seis vezes por noite para amamentá-la depois de trazê-la para casa. Apesar da depressão pós-parto, eu levantava da cama todos os dias para cuidar da recém-nascida e da maiorzinha durante o dia inteiro. Até consegui fazer enchiladas. E tudo isso enquanto minha vagina estava literalmente costurada.

Mas, para aquela pessoa na internet, como minha casa não estava limpa, eu estava fracassando. Eu era preguiçosa.

Os pratos estavam se empilhando até o céu e as roupas ainda precisavam ser lavadas? Sim. Eu sentia que estava ficando sobrecarregada quando se tratava de realizar até as tarefas de casa mais simples? Sem dúvida.

    Eu estava cansada.
    Estava deprimida.
    Estava sobrecarregada.
    Precisava de ajuda.
    Mas eu não era preguiçosa.
    E você também não é.

o que são tarefas de cuidado e por que algumas pessoas acham tão difícil executá-las?

Tarefas de cuidado são os "afazeres" da vida: cozinhar, limpar, lavar, alimentar a si e aos outros e cuidar da higiene. Pode parecer que são tarefas triviais, **mas quando você analisa a quantidade de tempo, energia, habilidade, planejamento e regularidade que as tarefas de cuidado demandam, elas deixam de parecer tão simples.** Por exemplo: a tarefa de se alimentar implica mais do que simplesmente colocar comida na boca. Você também precisa de tempo para pensar nas necessidades nutricionais e nas preferências de todos que está alimentando, planejar e fazer compras, decidir como vai preparar a comida, reservar tempo para isso e garantir que as refeições aconteçam a intervalos adequados. Você precisa de energia e habilidade para planejar, executar e manter esses passos todos os dias, várias vezes por dia, e enfrentar qualquer entrave relativo ao seu relacionamento com a comida e com o peso ou à falta de apetite decorrente de fatores clínicos ou emocionais. Precisa ter energia emocional para enfrentar a sensação de opressão quando não sabe o que preparar e a ansiedade resultante de fazer bagunça na cozinha. Além disso, você pode precisar ser multitarefa de modo a conseguir trabalhar, lidar com a dor física ou tomar conta de crianças, às vezes tudo ao mesmo tempo.

Agora vamos examinar a tarefa de limpar: uma atividade contínua composta de centenas de pequenas habilidades que devem ser praticadas todos os dias na hora certa e do modo certo para "levar a vida adiante". Primeiro, você precisa ter o funcionamento executivo para organizar e priorizar as tarefas em sequência.* Precisa aprender que tipo de limpeza deve ser feita diariamente e quais tipos podem ser feitos a intervalos maiores. Precisa se lembrar desses intervalos. Deve conhecer os produtos de limpeza e se lembrar de comprá-los. Precisa ter energia física e tempo para realizar essas tarefas e ainda saúde mental para encarar uma incumbência que resulta em baixo nível de dopamina durante um longo tempo. Precisa ter a energia emocional e a capacidade de processar qualquer desconforto sensorial que resulte de lidar com qualquer coisa suja ou imunda. "Sujou, limpou" parece um método bom e eficiente, mas a maioria das pessoas não gosta das

---

* Entre as habilidades de funcionamento executivo estão focalizar, planejar, organizar, seguir instruções, etc.

centenas de habilidades necessárias para atuar desse jeito e dos milhares de entraves que podem interferir na execução.

Cuidar da saúde e da higiene é muito mais complexo do que "comer comida saudável e tomar banho". Você precisa ter a habilidade social de ligar para o médico e comparecer às consultas. Precisa ter tempo e energia para comprar os remédios e, de novo, a capacidade de funcionamento para tomá-los todos os dias. Mesmo tarefas que parecem automáticas para a maioria das pessoas – como escovar os dentes, lavar o cabelo, trocar de roupa – podem se tornar quase impossíveis diante de barreiras funcionais.

No meu trabalho como terapeuta vi centenas de clientes com dificuldade nessas questões e mais do que nunca estou convencida de uma verdade simples: essas pessoas não são preguiçosas. **Na verdade não creio que a preguiça exista.**

Sabe o que existe? Disfunção executiva, procrastinação, sensação de opressão, perfeccionismo, trauma, falta de motivação, dor crônica, esgotamento, falta de conhecimento, falta de apoio e diferenças de prioridades.

TDAH, autismo, depressão, traumatismo craniano e transtorno bipolar e de ansiedade são apenas algumas das condições que afetam as funções executivas, tornando mais difíceis o planejamento, a administração do tempo, a memória de trabalho e a organização, e fazendo com que tarefas com várias etapas sejam intimidadoras ou tediosas.

Sabe-se que neurônios que disparam ao mesmo tempo fortalecem as conexões entre si. Isso significa que o cérebro pode começar a associar sentimentos a determinadas experiências. Assim, se uma pessoa passou por uma situação abusiva na infância ou em um relacionamento doméstico no qual a limpeza ou a bagunça foram usadas como castigo ou foram o motivo para os abusos, essa pessoa terá um estresse pós-traumático relacionado às tarefas domésticas e poderá evitá-las porque isso dispara seu sistema nervoso.

Quando barreiras às funções executivas dificultam a realização das tarefas de cuidado, a pessoa pode sentir uma vergonha enorme. Ela pensa: "Como posso estar fracassando em uma coisa tão simples?" O diálogo interno crítico rapidamente forma um círculo vicioso, paralisando a pessoa ainda mais. Ela provavelmente não buscará ajuda com essas tarefas por causa do intenso medo do julgamento e da rejeição. À medida que a vergonha e o isolamento aumentam, a saúde mental despenca. A autoaversão se estabelece e a motivação desaparece. Infelizmente isso costuma ser agravado por comentários críticos e cruéis feitos por amigos e parentes. Ser rotulado de preguiçoso consolida a crença de que a dificuldade para realizar essas tarefas simples é, no fundo, um fracasso moral.

Se você está sofrendo neste momento, este livro é para você. Você não é preguiçoso, sujo ou nojento. Não é um fracasso. Só precisa de ajuda imparcial e compassiva.

sem pressa, com calma, com gentileza

Então como este livro é diferente de outros de desenvolvimento pessoal? Para começo de conversa, eu não tenho um programa, tenho uma filosofia: você não existe para servir o seu espaço; o seu espaço existe para servir você.

Internalizar essa crença ajuda a:

a. mudar sua perspectiva com relação às tarefas de cuidado, que deixam de ser uma obrigação moral e passam a ser uma incumbência funcional;
b. identificar quais mudanças você *quer* mesmo fazer; e
c. encaixá-las na sua vida com o mínimo de esforço, contando não com a autoaversão, e sim com a autocompaixão.

Cheguei a essa filosofia tanto pela minha formação e pelo meu trabalho como terapeuta quanto pela minha própria experiência de pensar, durante décadas, que o modo como eu apresentava minha casa e a mim mesma determinava meu valor como pessoa. Mesmo quando isso me motivava a fazer mudanças "positivas" ou "produtivas", elas não resolviam a autoaversão que eu sentia – e as "melhorias de vida" não duravam muito tempo.

Na adolescência, eu tinha uma obsessão tão feroz por ser vista como digna de salvação que tentei incorporar o arquétipo da viciada tragicamente destruída, tipo Nirvana. Quando fui internada para fazer reabilitação durante um ano e meio aos 16 anos, consegui me arrastar para fora do vício, mas me descobri igualmente ansiosa para ser considerada o exemplo perfeito de uma "boa paciente", como se isso fosse indício de autoestima genuína. Até uma experiência muito real de fé religiosa foi sequestrada pela minha necessidade de representar esse papel. Depois de me tornar missionária e frequentar um seminário, senti uma vergonha silenciosa ao descobrir que a maior parte da minha motivação para fazer isso era de novo me tornar uma pessoa que os outros considerassem suficientemente boa.

Pouco antes dos 30 anos me dei conta de que, sem perceber, vinha repetindo o mesmo padrão, de novo e de novo: procurando um papel para representar que finalmente me tornasse digna de gentileza, amor e pertencimento.

Quando percebi que levar uma vida organizada era um modo de tentar expiar o pecado de ter desmoronado, permaneci presa em um ciclo de desempenho, perfeccionismo e fracasso, tudo isso alimentado pela vergonha.

O ano que passei trancada em casa com minhas filhas durante o início da pandemia, embora tenha sido doloroso em muitos aspectos, criou uma oportunidade para examinar o relacionamento com meu espaço. A sensação de fracasso por não estarmos à altura do mais novo movimento de cuidados pessoais ou método de organização resulta de uma incompreensão fundamental sobre o tipo de jornada em que estamos. Existe uma grande diferença entre estar em uma jornada de valorização ou em uma jornada de cuidados. Se você quer adaptar os métodos sobre os quais leu porque sente que precisa realizar suas tarefas domésticas, ter aquela estante de livros organizados por cores e combinar as meias com perfeição para enfim ser uma pessoa digna de gentileza, amor e pertencimento, você sempre se sentirá inadequado. Porque você jamais terá as coisas desse jeito. Muito provavelmente vai estabelecer esses sistemas, fingir que é um adulto com a vida organizada e então ver todos esses novos hábitos desmoronando em questão de dias ou semanas. O que precisamos aqui é de uma mudança de paradigma com relação ao modo como olhamos para nós mesmos e para o nosso espaço.

Vou repetir: você não existe para servir o seu espaço; o seu espaço existe para servir você.

Neste livro vou ajudá-lo a descobrir o *seu* modo de manter um lar funcional – o que quer que "funcional" signifique para você. Vamos construir um alicerce de autocompaixão e aprender a frear os pensamentos negativos e a vergonha. Então, e só então, poderemos começar a buscar maneiras de superar nossas barreiras funcionais. Tenho muitas dicas de como limpar um cômodo quando se está sobrecarregado, como encontrar motivação quando não se sente vontade de fazer nada, como se organizar sem se sentir oprimido; ideias para lavar a louça e as roupas nos dias difíceis e um monte de truques criativos para trabalhar com um corpo que nem sempre colabora. E vamos fazer isso sem listas intermináveis nem rotinas avassaladoras.

Enquanto embarca nessa jornada, convido você a se lembrar das seguintes expressões: "sem pressa", "com calma", "com gentileza". Você já merece amor e pertencimento. Esta não é uma jornada de valorização, e sim de cuidados. Uma jornada para aprender como podemos cuidar de nós mesmos quando a vida está caótica.

Porque você precisa saber que merece cuidados, independentemente de sua casa estar imaculada ou uma bagunça completa.

capítulo 1

as tarefas de cuidado são moralmente neutras

a moralidade tem a ver com bondade ou maldade de um caráter e com acerto ou erro de uma decisão. Muitas decisões são morais, mas limpar o carro regularmente não é uma delas. Você pode ser um adulto totalmente funcional, bem-sucedido, feliz, gentil e generoso e nunca conseguir ser muito bom em lavar a louça na hora certa ou em ter um lar organizado. O modo como você se relaciona com as tarefas de cuidado – não importa se a casa fica limpa ou suja, bagunçada ou arrumada, organizada ou desorganizada – não tem absolutamente nada a ver com você ser uma pessoa suficientemente boa.

Quando você enxerga as tarefas de cuidado como algo moral, a motivação para realizá-las costuma ser a vergonha. Se tudo estiver no lugar, você não se sente um fracasso, mas se a casa estiver bagunçada ou desarrumada, sim.

Se a motivação para realizar as tarefas de cuidado é a vergonha, provavelmente você também sente vergonha quando está descansando – porque as tarefas de cuidado nunca terminam e você vê o descanso como uma recompensa para os bons meninos e as boas meninas. Assim, se você se permitir sentar um pouco e descansar, vai ficar pensando: "Não mereço isso. Tenho muita coisa para fazer."

Esse modo de viver é incrivelmente doloroso. Afeta sua vida inteira: a saúde mental, os relacionamentos, as amizades, o trabalho, os estudos, a saúde física. É impossível que a gentileza ou os elogios dos outros consigam penetrar no seu coração quando você está pensando: "Isso é porque você não sabe..." Mas não precisa ser assim. Na verdade, tenho uma notícia muito boa:

As tarefas de cuidado são moralmente neutras. Ser bom ou ruim em realizá-las não tem nada a ver com ser uma pessoa boa, ser bom pai ou boa mãe, bom homem, boa mulher, bom cônjuge, bom amigo. Literalmente nada. Você não é um fracasso porque não consegue lavar as roupas. Lavar roupa é moralmente neutro.

capítulo 2

gentileza com o seu eu do futuro

Nos fins de semana, meu marido Michael e eu nos revezamos, cada um acordando cedo com as crianças para que o outro possa continuar dormindo por mais um tempo. Limpar a cozinha é uma das minhas tarefas em nossa parceria, e eu sou bem famosa por só fazer isso a intervalos de alguns dias. Mas na véspera da vez de Michael acordar cedo eu reservo um tempo para limpar a bancada, lavar os pratos e levar o lixo para fora, de modo que seja fácil para ele preparar o café da manhã das meninas e cuidar delas no dia seguinte. Michael nunca me pediu nem esperou que eu fizesse isso; era simplesmente uma coisa que eu fazia para facilitar a vida dele. Em geral, eu não costumava pensar tão à frente em benefício próprio e me pegava às sete da manhã lavando um copo de leite sujo do dia anterior enquanto minhas filhas choravam porque estavam com sede. Era um jeito meio estressante de começar o dia, e acho que eu não queria que Michael passasse por isso. Um dia tive uma ideia: "Eu mereço exatamente a mesma gentileza. Também mereço um espaço funcional para as manhãs em que estou cuidando das nossas filhas." O fato de eu considerar a preparação noturna uma gentileza com meu eu matinal mudou todo o meu relacionamento com as tarefas de cuidado.

Na próxima vez em que você estiver tentando se convencer a fazer uma tarefa de cuidado, experimente substituir a voz que diz: "Eca, preciso mesmo limpar a casa agora porque ela está um desastre" por "Seria uma enorme gentileza com meu eu do futuro se eu me levantasse agora mesmo e fizesse _____. Essa tarefa vai me render conforto, conveniência e prazer mais tarde."

Na verdade isso não é um truque. Não é uma fórmula que vai garantir que você se levante e execute a tarefa. Às vezes você não vai conseguir se mexer mesmo mudando a maneira como se trata. Mas sabe de uma coisa? Você também não estava se mexendo quando era cruel consigo mesmo, então pelo menos pode ser legal agora. Ninguém nunca conseguiu melhorar a saúde mental usando a vergonha como arma.

capítulo 3
para todos os excluídos pela autoajuda

Marie Kondo diz para dobrar três vezes sua roupa de baixo. O almirante William H. McRaven jura que arrumar a cama vai mudar sua vida. Rachel Hollis acha que a chave para o sucesso é lavar o rosto e acreditar em si mesmo. Armário-cápsula! Organização por cores! Planners! Quantas coisas dessas nós já tentamos? Quantas mantivemos? Se você é como eu, a resposta é: provavelmente nenhuma.

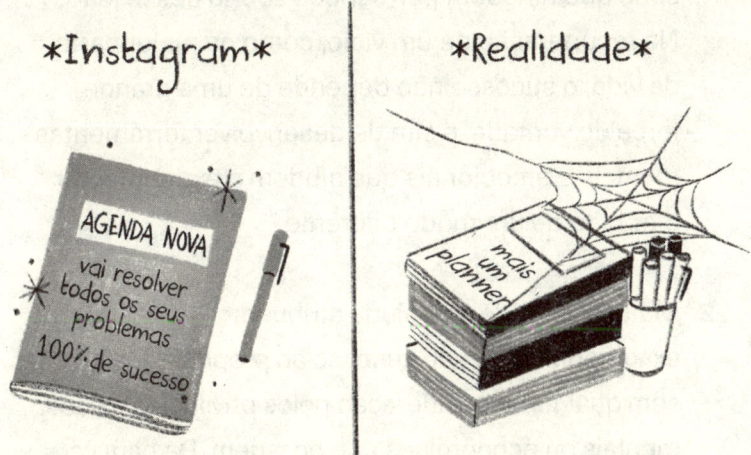

E por que raramente as mantemos?

Já falei sobre o papel da vergonha em primeiro nos motivar e, por fim, nos desmotivar. Só que existem mais motivos.

1. Qualquer tarefa ou hábito que exija uma extrema força de vontade esgotará sua capacidade de empenhar esse tipo de energia ao longo do tempo. A verdade é que os seres humanos só conseguem exercer um grande esforço por períodos curtos. Como alguém que já se recuperou de um vício, costumo pensar em uma expressão que usamos quando alguém está tentando se manter sóbrio por pura força de vontade. Chamamos isso de sobriedade dos dedos brancos, porque faz pensar em uma pessoa cuja única solução para se conter e não beber é agarrar a borda da cadeira com tanta força que os nós dos dedos embranquecem. E quem passou por isso durante um bom tempo sabe que ninguém permanece sóbrio desse jeito. Na recuperação de um vício, como na maior parte da vida, o sucesso não depende de uma grande força de vontade, e sim de desenvolver ferramentas mentais e emocionais que ajudem a experimentar o mundo de um modo diferente.

2. Muitos gurus de autoajuda atribuem exageradamente seu sucesso ao próprio trabalho duro, sem qualquer consideração pelos privilégios físicos, mentais ou econômicos que possuem. Dá para ver

isso quando uma influenciadora fitness de 20 anos diz a uma mãe solo de três filhos: "Todos temos as mesmas 24 horas!" A influenciadora só precisou acrescentar esforço para ver mudanças drásticas na própria saúde e, assim, presume que todo mundo precisa apenas disso. Mas a mãe solo de três filhos tem demandas e limitações muito diferentes com relação a tempo. Ela não precisa somente de esforço, mas também de alguém que cuide de seus filhos, dinheiro para as aulas de ginástica, além de tempo e energia extras no fim de um dia em que ela trabalhou durante nove horas e depois passou mais cinco cuidando das crianças e limpando a casa. Dá para ver isso quando uma influenciadora de autoajuda magra, branca e rica posta em seu Instagram: "Escolha a alegria", com uma legenda dizendo a todos nós que toda aquela alegria é uma escolha. A crença dela de que a decisão de ser uma pessoa positiva foi a chave para a sua vida feliz revela que ela não percebe o quanto do seu sucesso se deve a privilégios sobre os quais ela não tem controle. Uma pessoa afetada por uma séria doença mental ou por uma opressão sistêmica possui muito mais obstáculos no caminho para uma vida feliz do que um simples ajuste de atitude.

3. Pessoas diferentes têm dificuldades diferentes – e o privilégio não é a única distinção. Alguém pode descobrir um modo de planejar refeições, se exercitar ou organizar a despensa que revolucione a própria

vida. Mas as soluções que funcionam para essa pessoa dependem muito não só de seus entraves específicos, mas também de seus pontos fortes, sua personalidade e seus interesses.

Por exemplo, com relação à minha casa, nunca consegui adotar o "sujou, limpou". Quando tento fazer isso, me pego estressada, sobrecarregada e incapaz de estar presente para a minha família. Em vez disso, uso dezenas de métodos que criei e que me ajudam a manter a casa funcionando (e ainda assim aqui costuma ter pratos na pia e coisas largadas no chão). Mas, quando me sento para escrever ou trabalhar, tudo flui de forma natural. Às vezes preciso me pressionar um pouco para ultrapassar algum obstáculo, mas os obstáculos sempre parecem superáveis. Na verdade, preciso usar um cronômetro para me lembrar de olhar o relógio, porque acabo me empolgando e perdendo a noção do tempo. No fim do dia me sinto criativa, energizada e recompensada.

Tenho uma amiga querida que administra um negócio parecido, e com frequência usamos uma à outra como caixa de ressonância e ponto de apoio. Ela costuma telefonar quando se sente empacada, porque sabe do que precisa para fazer sua empresa crescer, mas tem dificuldade para colocar em prática. "Parece que você consegue produzir sete vídeos para sua rede social no tempo que eu demoro para fazer um. Demoro demais para descobrir o que dizer e para superar o constrangimento."

E ela tem a casa mais limpa que eu já vi.

Um dia ela me disse: "Sabe, KC, o modo como você se sente com relação à sua empresa é como eu me sinto com relação à minha casa. Eu posso praticamente flutuar pela casa arrumando aqui, jogando alguma coisa fora ali, fazendo algumas tarefas domésticas que ache necessárias, o tempo todo adorando minha vida e mantendo uma casa muito limpa. Parece algo natural e que exige pouco esforço. Mas, quando me sento para cuidar da empresa, alguns aspectos do que precisa ser feito me deixam paralisada, desmotivada e sobrecarregada. É necessário um esforço extremo para fazer o necessário, e em geral preciso estabelecer um monte de sistemas auxiliares e recorrer ao meu senso de responsabilidade para conseguir dar conta."

Minha amiga e eu simplesmente temos pontos fortes diferentes e ficamos empacadas de modos diferentes, sem nenhum motivo que possamos identificar. Por causa disso, meu conselho para fazer as coisas no trabalho não iria ajudá-la nem um pouco, sobretudo porque seria: "Tome uma canecona de café e apenas faça o que tem que ser feito. A inspiração seguinte virá naturalmente." E o conselho dela para fazer as coisas em casa também é inútil para mim. (Uma vez ela me disse: "Eu acendo uma vela e penso em como vai ser bom arrumar umas coisas em casa." Tipo, oi?)

Suspeito que muitas pessoas que distribuem conselhos de produtividade se concentram em áreas nas quais são naturalmente talentosas – áreas em que elas só precisavam de um empurrãozinho ou de algumas dicas. Em vez de café, velas e discursos sobre acreditar em si mesmo, os princípios neste livro podem ser personalizados para seus próprios entraves, pontos fortes e interesses.

capítulo 4

desenvolvendo habilidades gentis: o método de arrumação das cinco coisas

Quando você olha para um espaço muito bagunçado, é comum se sentir sobrecarregado. Tire alguns minutos para dizer a si mesmo umas palavras de conforto e respire fundo. **Apesar de parecer um caos completo, na verdade só existem cinco tipos de coisa em qualquer cômodo: (1) lixo, (2) louça suja, (3) roupa suja, (4) coisas que têm um lugar e não estão no lugar e (5) coisas que não têm lugar.**

1. O primeiro passo é pegar um saco e recolher todo o lixo. Jogue tudo ali dentro. Empilhe os lixos grandes, como caixas, e coloque o saco junto. Não leve para fora.

2. Depois junte toda a louça suja e ponha na pia ou na bancada da cozinha. Não lave.

3. Pegue um cesto e cate todas as roupas sujas e os calçados. Coloque o cesto de roupa suja perto da pilha de lixo. Não ponha para lavar.

4. Em seguida, escolha um espaço no cômodo, como um canto ou uma mesa, coloque ali todos os itens que pertencem àquele lugar e então retorne-os à sua posição de origem. Depois, coloque em uma pilha os itens que não têm um lugar específico. Vá para o próximo cômodo e repita a operação, até que todas as coisas estejam de volta em seus lugares.

5. Nesse ponto você terá uma pilha de coisas que não têm um lugar específico. Agora que o espaço está livre, será mais fácil atacar essa categoria. Você pode optar por se livrar de alguns itens que não têm lugar e estão colaborando para a bagunça. Para as coisas importantes, você pode encontrar um lugar permanente.

6. Leve o lixo para fora e coloque a roupa suja na máquina ou na lavanderia. Agora o espaço está habitável. Eu sempre deixo a louça para outro dia.

por que o método de arrumação das cinco coisas funciona

O Método de Arrumação das Cinco Coisas ajuda o cérebro a saber exatamente o que está procurando. Assim, em vez de ver um mar de entulhos e ficar paralisado, ele pode começar a enxergar itens individuais. Ignorar tudo, a não ser uma categoria específica, ajuda a manter você nos trilhos e não se distrair. Você pode se mover mais rápido quando sabe o que está procurando. Lixo, roupa suja e louças estão sendo postos nos respectivos lugares, assim você não perde um tempo enorme andando pela casa e separando as coisas em lugares distintos. Isso permite que as coisas fiquem arrumadas mais rapidamente. Por fim, terminar uma categoria vai gerar uma pequena recompensa de dopamina. Chega de passar horas tentando limpar sem ver nenhum progresso. Nosso cérebro precisa ver progresso, caso contrário fica desencorajado. A limpeza por categoria dá ao cérebro várias linhas de chegada rápidas, com as quais você se sentirá bem.

As categorias podem ser atacadas todas de uma vez ou ao longo de alguns dias. Você pode optar por cuidar só do lixo hoje, só da louça amanhã, etc. Também pode instituir a técnica do cronômetro. Decida que vai fazer isso durante 20 minutos por dia, começando pelas categorias. Talvez você demore três dias para cuidar de todo o lixo, mas mantenha-se apenas com o lixo até terminar. Música, um podcast, um cronômetro, correr para ver com que rapidez você consegue terminar, uma amiga para dar uma força, recompensar-se com alguma coisa quando tiver terminado – tudo isso são ferramentas que podem ajudar.

Por fim, a ordem das categorias é tal que, mesmo se você não terminar todas, estará priorizando a remoção dos itens com maior probabilidade de criar problemas de saúde e atrair insetos. Se você estiver muito sobrecarregado, simplesmente tirar o lixo e a louça suja do seu espaço já será um baita avanço.

o que fazer com as coisas que seriam doadas

Escute. Visualize minhas mãos segurando seu rosto e meus olhos olhando direto nos seus. Respire fundo. Ouça estas palavras: Está tudo bem. Jogue fora.

As roupas que você pretendia doar e estão ali paradas há seis meses: jogue fora.

Os itens que você planejava vender e deixam seu quarto inabitável há meses: jogue fora.

Não sou contra doações, sou apenas a favor do realismo e da acessibilidade. Hoje o assunto é voltar a funcionar. Se você ainda não fez, não será feito. Jogue. Fora. E está tudo bem, de verdade.

Método das 5 coisas

1.
2.
3.
4.
5.

capítulo 5

papo amável com você mesmo: a bagunça não tem significado inerente

Lembre-se de que, como as tarefas de cuidado são moralmente neutras, a bagunça não tem significado inerente. Quando você olha a pilha de louça na pia e pensa: "Sou um tremendo fracasso", essa mensagem não vem da louça. Os pratos não pensam. Os pratos não julgam. Os pratos não podem criar significado – só quem pode são as pessoas.

De fato, o significado atribuído a uma tarefa de cuidado provavelmente foi passado para você por outra pessoa. Pare um pouco para pensar em quem pode ter sido. Sua mãe? Seu pai? Seu companheiro? Um avô ou uma avó? Que mensagens você recebeu sobre as tarefas domésticas e qual o significado por trás delas? De onde essas ideias vieram?

Há pouco tempo vi alguém escrever em uma rede social: "Minha avó costumava me dizer: podemos ser pobres, mas somos limpos. E ela esfregava aquela casa minúscula até brilhar." Estou descobrindo que, quando comunidades marginalizadas enfrentam racismo ou preconceito de classe, os altos padrões de limpeza podem ser um modo de uma família afirmar a própria dignidade diante de estereótipos desumanizantes sobre seus integrantes serem preguiçosos, ignorantes ou sujos. As famílias amorosas podem se esforçar ao máximo para que sua casa brilhe ou que as roupas dos filhos fiquem imaculadas não somente em decorrência de uma percepção de superioridade, mas como um modo de se proteger contra a discriminação.

Pode haver outros motivos complexos e contextuais para sua família ou sua comunidade ter lhe passado essas mensagens sobre as tarefas de cuidado. Talvez você precise de tempo para considerar, honrar, lamentar e processar as origens dessas mensagens. No fim, você pode decidir que essas mensagens não lhe servem mais e atribuir um novo significado à bagunça.

Comece a perceber como você fala consigo mesmo nos dias em que acha que não fez o que devia. Você pode estabelecer os melhores sistemas de organização do mundo, e eles não mudarão sua vida se você ainda se odiar nos dias em que não conseguir cumprir as tarefas. Boa parte da nossa angústia não vem da roupa que não foi dobrada, e sim das mensagens que passamos a nós mesmos. Preguiçoso. Previsível. Desagradável. Você não precisa ser bom nas tarefas de cuidado para aprender a desenvolver um diálogo interno compassivo. Você merece gentileza e amor, independentemente de quanto é bom nas tarefas de cuidado.

Talvez você também se interesse em avaliar o que diz a si mesmo quando está "tendo sucesso" nas tarefas de cuidado. Você se sente bem quando a casa está limpa e a roupa lavada foi dobrada? Pergunte-se por quê. Uma coisa é sentir o prazer de ter um espaço funcional (é mais fácil encontrar minhas coisas; não estou tropeçando nos brinquedos; meu filho tem uma concentração melhor quando o cômodo não está entulhado; tenho espaço para me divertir com meus passatempos), e outra bem diferente é sentir a satisfação de ter alcançado um padrão moral (sou bom o bastante; hoje fui uma boa mãe/um bom pai; estou atendendo às expectativas; sou um adulto "de verdade"). O que você diz a si mesmo quando a casa está limpa alimenta o que você diz a si mesmo quando ela está suja. Se você é bom quando a casa está limpa, talvez seja ruim quando ela não está.

A boa notícia é que você pode optar por atribuir um significado totalmente diferente à sua pilha crônica de roupa suja. Em vez de pensar "Nunca consigo lavar tudo", diga: "Que bom que tenho tantas roupas!" Ao ver uma cozinha suja, sua voz interior pode dizer algo do tipo: "Não sei me organizar", mas se desafie a pensar em outro significado que isso poderia ter. "Preparei o jantar para minha família três noites seguidas" é um verdadeiro testemunho de sucesso. Se as tarefas de cuidado são moralmente neutras, não ter lavado nem escovado o cabelo em três semanas não significa "Sou repugnante", e sim, simplesmente, "Estou passando por um período difícil".

Vou contar para você o que a bagunça na minha casa significa. Significa que estou viva. Pratos sujos significam que me alimentei. Material espalhado significa que sou criativa. Brinquedos espalhados significam que sou uma mãe divertida. As caixas empilhadas no corredor significam que fui precavida e encomendei as coisas de que precisamos. As roupas largadas no chão significam que tive um dia cheio.

E, ocasionalmente, a bagunça significa que estou enfrentando depressão ou estresse. Mas essas coisas também não são falhas morais – nem aquela xícara de café mofada que sempre me esqueço de levar para a cozinha.

Em vez de _____, experimente dizer:

- Afazeres domésticos → tarefas de cuidado.
  Afazeres domésticos são obrigações. Tarefas de cuidado são gentilezas com você mesmo.
- Faxina → reorganização do espaço.
  Faxina é uma coisa que não termina jamais. Reorganizar o espaço tem um objetivo.
- Isto aqui está bagunçado demais → Este espaço chegou ao fim do seu ciclo funcional.
  "Isto aqui está bagunçado demais" indica que houve fracasso. "Este espaço chegou ao fim do seu ciclo funcional" é moralmente neutro.
- Dá pro gasto → Feito é melhor do que perfeito.

"Dá pro gasto" parece que significa contentar-se com pouco. "Feito é melhor do que perfeito" significa ter limites e expectativas razoáveis.

Atalho: pule para o capítulo 7.

capítulo 6

as tarefas de cuidado são funcionais

Quero que você pare de cuidar da casa. Você pode achar que é importante cuidar dela, mas sua casa é um objeto inanimado – são materiais de construção e tinta. Ela pode precisar de manutenção, mas não merece receber cuidados. *Você* é uma pessoa. Você merece ser cuidado. Quero que sua casa cuide de você. Como fazer isso? Concentrando-se na função.

como encontrar a função

Você pode separar as tarefas de cuidado em três camadas. Na base, as tarefas de cuidado têm a função essencial de manter seu corpo ou seu espaço seguros e saudáveis. Isso é representado pela primeira camada do bolo. O glacê do bolo, digamos assim, são as coisas que aumentam o conforto. A cereja no topo são apenas coisas que fazem você feliz. Quando entendemos o que importa de verdade para nós em termos de segurança, conforto e felicidade, conseguimos começar a abrir mão dos julgamentos dos outros sobre como nossos espaços devem parecer. Uma pessoa pode se sentir perfeitamente confortável e feliz em um espaço que outra pessoa consideraria significativamente mais bagunçado e menos organizado.

Os aspectos de saúde e segurança das tarefas de cuidado são bastante universais, mas as camadas de conforto e felicidade são específicas para cada indivíduo. Por exemplo, vejamos a tarefa de cuidado que é trocar os lençóis. É higiênico para todo mundo remover a poeira, o suor e as células de pele morta que se depositam na cama. Muitas pessoas concordariam que é mais confortável não ter na cama coisinhas caídas dos pés ou dos bichos de estimação. Mas apenas algumas pessoas ficam realmente felizes por arrumar a cama. Muitas pessoas não estão nem aí para isso.*

É mais fácil tolerar a natureza repetitiva das tarefas de cuidado se abrirmos mão das mensagens morais e identificarmos o motivo funcional para realizá-las. A ideia de que "vou ter que fazer isso de novo amanhã" pode ser exaustiva e desmotivante. No entanto, a maioria de nós

---

* Ver os apêndices para mais exemplos.

nunca pensa coisas como: "Por que me dar ao trabalho de comer? Vou estar com fome de novo daqui a algumas horas." Sabemos que comer é algo funcional. Precisamos fornecer calorias e nutrientes ao corpo para continuarmos levando uma vida feliz.

    Experimente anotar suas várias tarefas de cuidado e identificar o motivo funcional para fazer cada uma delas. Veja a tarefa de varrer o chão. Uma visão moral poderia ser: "Um chão sujo é nojento. O chão deve estar limpo. Adultos de verdade mantêm o chão limpo." Perceba as declarações de valor e a visão perfeccionista, do tipo tudo ou nada. Também perceba que, para realizar esse padrão de valor, o chão deve estar *limpo o tempo todo*. Em vez disso, **desafie-se a encontrar um motivo funcional para limpar o chão.** No meu caso, não gosto de sentir coisinhas grudando na sola dos pés. Isso me incomoda. Quando há coisas espalhadas no chão, costumo tropeçar. Esses são dois ótimos motivos funcionais para eu varrer o chão. Pode ser que eu não o faça todos os dias, ou nem mesmo com frequência, se estiver enrolada. Mas com uma visão funcional, e não moral, meu cérebro pode dizer: "Vamos varrer um caminho do quarto até a cozinha porque mereço andar nesse caminho sem tropeçar nem ter sujeira grudando nos pés." De repente, a tarefa não tem a ver com avaliar, e sim com cuidar de mim mesma.

    Vamos tentar fazer esse exercício com a bancada da cozinha. Uma mensagem moral que posso ter é: "Uma boa esposa mantém a cozinha limpa." Isso vai me deixar estressada até que a cozinha inteira esteja impecável ou vai me deixar tão sobrecarregada com a ideia de que devo limpar a cozinha inteira que vou ficar paralisada e não fazer nada. De qualquer modo, fico exausta. Quando me pergunto o que faz a cozinha funcionar para mim, posso começar a identificar necessidades concretas, como ter pratos limpos suficientes para o dia, espaço de bancada limpo suficiente para preparar a comida com segurança, acesso desobstruído à pia e às bocas do fogão, e a lata de lixo vazia. De repente, tudo o que é realmente necessário se encaixa em uma lista curta e finita. Posso fazer algumas coisas para sentir que cuidei das minhas necessidades. Então sigo em frente. Se eu tiver tempo e energia para continuar e limpar a cozinha inteira, ótimo! Mas, se não tiver, posso seguir em frente sem culpa. Agora meu espaço está servindo a mim, e não o contrário.

o que é mais rápido nem sempre é o que é funcional

Se ganhasse um dólar para cada vez que me dizem "Sujou, limpou" ou "Não largue, guarde", eu resolveria todos os meus problemas de tarefas de cuidado, porque seria zilionária e contrataria pessoas para fazer tudo. Infelizmente, esses hábitos nunca funcionaram para mim.

Entendo por que as pessoas dão esses conselhos.

Na teoria, faz sentido dizer que guardar uma coisa logo depois de usá-la ou limpar logo depois de sujar é o modo mais rápido de manter uma casa arrumada. Mas o modo mais rápido de fazer uma coisa pode não ser o mais funcional para todo mundo. Uma vez passei um dia inteiro limpando as coisas à medida que sujava. No fim, estava estressada, exausta e gritando com todo mundo. Ah, e a casa nem ficou tão limpa assim.

    Tentar limpar cada sujeira enquanto ela é feita quebra meu período de atenção e me deixa esgotada. A concentração necessária para rastrear cada item que eu uso e devolvê-lo no mesmo instante ao lugar certo torna difícil curtir o momento. E, ainda por cima, minhas filhas pequenas são rápidas como um relâmpago e suas necessidades costumam ser imediatas.

    Limpar a bagunça do café da manhã pode demorar apenas dez minutos, mas nesse tempo minha filha mais velha já tirou o pijama e o jogou no chão da cozinha, pegou uma caixa de LEGO, caiu e ralou o joelho. Limpar a bagunça do café da manhã, pegar o pijama no chão, arrumar as peças do LEGO e pegar um Band-Aid são coisas que não podem acontecer fisicamente ao mesmo tempo. Assim que terminei de dar um beijinho para curar o dodói e vestir a roupa da mais velha, a mais nova pediu mais leite e fez cocô na calça. A lista de coisas que precisam ser limpas simplesmente cresce mais depressa do que qualquer pessoa é capaz de se mover. Isso sem mencionar o fato de que eu *preciso* sair com essas crianças em no máximo cinco minutos, ou não teremos tempo de ir ao parque antes da hora da soneca.

Mesmo quando estou sozinha, costumo pular empolgada de um projeto para outro, sem terminar um antes de começar o seguinte. Isso não é um defeito. Eu *gosto* de passar o dia assim. Para mim, é divertido e agradável. Acaba deixando uma bagunça maior no fim do dia, mas a resposta não é me forçar a um hábito de "sujou, limpou" que não funciona para o meu cérebro. A solução é desenvolver estratégias alcançáveis e até recompensadoras para dar uma geral no fim do dia. É o que funciona para mim, e é tão válido quanto a opção das pessoas que preferem limpar à medida que sujam.

No fim de um dia típico, tenho uma enorme pilha de louça suja. Sou conhecida por passar dez minutos organizando-a na bancada antes de colocá-la na lava-louça. As pessoas quase sempre coçam a cabeça e dizem: "Sabe, você lavaria a louça bem mais rápido se fizesse do jeito certo." E elas não estão erradas. Tecnicamente falando, é mais rápido colocar a louça diretamente da pia na lava-louça ou, melhor ainda, colocá-la diretamente na lava-louça depois do uso, ao longo do dia. Mas às vezes o modo "certo" de fazer uma coisa cria barreiras para determinadas habilidades de funcionamento executivo. Às vezes o simples motivo é que o modo certo não é agradável e acaba sendo empurrado com a barriga. **Para muitas pessoas, encontrar um método que ultrapasse as maiores barreiras de funcionamento executivo ou que** torne uma tarefa um pouco menos intolerável é melhor do que o método "mais rápido". No fim, a abordagem com a qual você se sinta mais motivado e que goste de fazer é a mais "eficiente", porque você está em ação, e não protelando.

capítulo 7

papo amável com você mesmo: encontre o observador compassivo

quando você tem entraves funcionais, as coisas se acumulam rapidamente e de repente você se descobre em uma bagunça avassaladora. Quanto mais você olha para ela, maior o sentimento de derrota, menor a motivação, mais você a evita e mais ela se acumula.

Isso explica em parte por que os programas famosos de organização não funcionam para todo mundo, já que muitas vezes eles não conseguem abordar o estado de nossas emoções em paralelo à realização de uma determinada tarefa. Quando temos dificuldade com as tarefas de cuidado, em geral podemos identificar duas vozes:

o tirano interno

Quando estamos empacados nesse ciclo, com frequência sofremos com o ataque constante do nosso tirano interno. "Veja essa imundície. É muita preguiça." "Como você deixou isso ficar desse jeito?" "Você não merece tomar um banho. Veja o que fez com seu quarto."

o eu pequenino

Por outro lado, nosso eu pequenino (que é alvo da agressividade do tirano) sofre. "Por que isso é tão fácil para as outras pessoas?" "O que há de errado comigo?" "Estou fracassando."

Isso é um relacionamento abusivo, e alguém precisa intervir. Esse alguém é você. Espere aí, você está fazendo bullying consigo mesmo e vai intervir? Sim. Existe uma *terceira voz* aí. Pense na última coisa amável que você fez por outro ser humano ou animal. Sabe aquela compaixão que sentiu? A sua gentileza ao oferecer ajuda? Essa pessoa é o seu eu compassivo. Esse eu sente empatia pelos outros porque eles merecem amor, e esse eu quer dar amor aos outros.

Você se lembra da última vez em que observou algo belo? Talvez tenha sido o modo como o cabelo da sua filha se encaracolou na nuca dela. Ou o sorriso da pessoa que você ama. Um pôr do sol, uma flor, um dia chuvoso que fez você se sentir em paz. Essa pessoa também está aí dentro. É o seu eu observador, que vê as coisas pelo lado de fora e percebe o que vale a pena. Essa pessoa é o seu observador compassivo. E está a ponto de intervir.

o observador compassivo

Na próxima vez em que o tirano começar a falar e o eu pequenino começar a se encolher, você pode convocar seu observador compassivo. Ele diz ao tirano: "Você não está ajudando, e preciso que você pare com isso." Em seguida, se vira para o eu pequenino e diz: "Sei que você está sofrendo e sei que sente que está fracassando. Mas não está. Desarrumação não é uma falha moral. Sentir-se mal e com dificuldades não torna ninguém indigno de gentileza. Você vai ficar bem. Estou aqui com você." Pense no que você diria a um amigo com dificuldades e direcione a mensagem para dentro de si.

Agora sabemos que as tarefas de cuidado são moralmente neutras e não têm nada a ver com ser uma pessoa boa ou má. Também estamos aprendendo que merecemos gentileza independentemente do nosso nível de funcionamento. É hora de treinar para internalizar isso, deixando nosso observador compassivo controlar o tirano interno e ser gentil com o eu pequenino.

Explicação literal: Todos os pensamentos que estão na sua cabeça vêm de você. Às vezes, você tem pensamentos raivosos com relação a si mesmo, tipo: "Meu Deus, eu não valho nada!", e às vezes tem pensamentos tristes, como: "Queria muito que alguém pudesse me ajudar e estou me sentindo só." Esse exercício tem a ver com preparar-se objetivamente para reagir a qualquer pensamento raivoso – seja na sua mente ou em um diário – com algo que seja amável, como você faria com um amigo. Se um amigo dissesse: "Eu não valho nada", você diria: "Acho que é bem normal cometer erros. Isso não significa que você não vale nada." Quando tiver pensamentos tristes, console-se da mesma forma que consolaria um amigo: "Sei como é se sentir só. Tudo bem chorar." Mesmo sabendo que é você quem está dizendo, e mesmo que você ainda não acredite, com o tempo o exercício começa a ajudar a reduzir o número de pensamentos perturbadores.

O observador compassivo é um conceito criado por Kristin Neff, Ph.D. Veja esse e outros exercícios criados por ela para cultivar a autocompaixão em self-compassion.org (em inglês).

Atalho: pule para o capítulo 10.

capítulo 8
organizado não é o mesmo que arrumado

quando nos concentramos na função, a organização fica mais fácil. Uma vez me perguntaram: "Como você consegue ser tão organizada?" E eu respondi: "Quando percebi que não precisava ser arrumada para ser organizada, a segunda metade da minha vida começou!"

Organização significa ter um lugar para tudo em casa e ter um sistema para chegar a esse ponto. "Arrumação" e "bagunça" descrevem a rapidez com que as coisas voltam para os seus lugares. Uma pessoa arrumada tipicamente devolve as coisas ao lugar imediatamente, e uma pessoa bagunceira não faz isso.

Algumas pessoas são bagunceiras porque não são organizadas. Não têm soluções de armazenamento adequado ou têm dificuldade para encontrar lugares permanentes para as coisas. Mas é possível ser bagunceiro e organizado. Na minha casa quase tudo tem um lugar, mas o TDAH e duas filhas pequenas impedem que as coisas sejam devolvidas aos seus lugares com rapidez. Em vez disso, tenho rotinas do tipo encerrar tarefas e técnicas como o método de arrumação das cinco coisas, que criam espaço no dia para recompor o ambiente. Ser organizada significa que a arrumação acontece mais depressa e torna minha vida mais funcional e a limpeza menos difícil.

Minhas bancadas quase nunca estão arrumadas, mas são funcionais. Há uma diferença entre uma bancada entulhada a ponto de você não conseguir usá-la para fazer o que quer e uma bancada entulhada porque você a está usando ativamente para fazer o que quer. Uma bancada funcional não é moralmente superior a uma bancada não funcional. A diferença aqui não é uma avaliação externa para saber se você está fazendo a coisa do jeito certo. A diferença é você curtir o seu espaço. E você merece curtir o seu espaço.

a organização não precisa ser bonita

Um motivo para termos dificuldade de estabelecer sistemas que funcionam para nós é que confundimos espaço organizado com espaço esteticamente agradável. Você pode passar muito tempo organizando coisas de modo "instagramável" e acabar descobrindo que o sistema não é funcional para você, sobretudo se o fato de mantê-lo bonito exige etapas extras que você nem sempre tem a capacidade de executar. Uma vez tirei de uma revista sobre organização a ideia fantástica de comprar uma caixa de sapatos transparente para cada par que eu tinha.

"Assim vou poder ver todos os sapatos e eles vão parecer organizadíssimos!", falei a mim mesma. Bom, a verdade é que as etapas extras de colocar os sapatos dentro das caixas e tentar tirar aqueles que eu queria da base da pilha criaram mais frustração do que o desejado. Hoje mantenho apenas uma caixa daquelas para meu único par chique de scarpin e jogo o restante em um cesto grande, todos juntos.

Como todo mundo, adoro um visual clean, mas é importante lembrar que nem tudo precisa ser esteticamente agradável para ser organizado, e nem tudo que é esteticamente agradável é funcional! Ninguém vem tirar fotos das vitaminas, do spray de limpeza, do sal e do copo cheio de canetas na bancada da ilha. Mas isso não significa que ela não seja organizada. A verdade é que, se a coisa está onde você quer, ela está organizada.

Concluindo: bagunça não é um defeito moral, arrumação é simplesmente uma preferência e organização é funcionalidade, e você merece funcionar. Como você abordaria a mudança na organização funcional se não ligasse a mínima para o que fica bonitinho?

Ode aos Cestos

Cestos grandes, cestos pequenos, cestos transparentes,
    cestos de vime, cestos de lojas baratas, cestos que
    consegui de graça.
Cestos de sapatos, cestos de livros, cestos em todos
    os cantos possíveis.
E esse é o segredo, esse é o truque:
os cestos vão para onde as coisas já iam.
Roupa suja que vai parar no chão da sala de jantar,
ponha um cesto lá que a bagunça vai terminar.
O estresse de uma bancada entulhada acaba
quando você coloca tudo em um cesto ou uma caixa.
Se estiver a fim, você pode comprar um parente
    de cesto,
como uma bandeja comum ou giratória mesmo.
Pensando bem, meu método de organizar
é apenas colocar cada cesto em seu lugar.

capítulo 9

maria deprimida

Sabemos que duas pessoas podem passar pela mesma situação e ser afetadas por ela de modos muito diferentes. O mesmo transtorno ou entrave não se apresenta da mesma forma para todo mundo. Para cada pessoa com câncer que faz filmes da Marvel existe outra em casa que não pode fazer nada além de sobreviver ao dia e tentar se alimentar. Raramente isso tem a ver com quem se esforça mais ou quem é uma pessoa melhor; geralmente, tem ligação com a capacidade individual, que é moldada pela biologia, pela psicologia e pelo ambiente. Só porque Maria, que tem seis filhos e depressão, consegue manter uma casa imaculada, isso não significa que você é moralmente inferior se não for capaz de fazer isso. Se Maria trabalhou duro para arrumar a casa e isso a deixou feliz, ela pode se orgulhar. E, se você se esforçou muito para comer uma refeição hoje, também pode se orgulhar disso sem sentir qualquer culpa sobre o estado da sua casa. Se você não consegue fazer como Maria, as únicas duas opções são: tentar ser como Maria e lidar com sentimentos de inferioridade e exaustão, ou tentar fazer as coisas dentro da sua capacidade e assim alcançar a plenitude e a felicidade. Nenhuma dessas escolhas afeta a vida de Maria, nem um pouquinho.

E lembre-se: enquanto você se compara com outras pessoas, acreditando que seria feliz se conseguisse ser igual a elas, provavelmente existe alguém se comparando com você, pensando a mesma coisa. Todos somos a Maria de alguém.

capítulo 10

desenvolvendo habilidades gentis: o pontapé inicial na motivação

Comprei uma bicicleta ergométrica.

"Certo, mas você vai mesmo usá-la?", perguntou Michael em um tom gentil, mas de quem sabia das coisas.

Depois de fazer o que só pode ser descrito como uma apresentação digna de prêmio sobre os benefícios do exercício físico (e sobre como o aumento nos níveis de serotonina e dopamina ajuda na regulação do humor e na concentração) e dizer que ter um modo tão conveniente de fazer exercícios em casa garantiria que, pela primeira vez na vida, eu manteria a frequência dos exercícios por mais de uma semana, ele concordou, relutante, que parecia uma boa ideia.

Comecei com tudo, pedalando várias vezes por semana durante um mês e chegando a sessões de 45 minutos. Dessa vez ia ser diferente!

Conhece essa história? Você provavelmente sabe onde isso vai dar. Usei a bicicleta ergométrica exatamente uma vez nos últimos dois meses. O fato de Michael ter passado a adorá-la e pedalar com frequência deve ser o único motivo para ele não ter ficado furioso comigo por tê-la comprado.

Quando minhas filhas voltaram para a creche no outono, eu disse a mim mesma que começaria a pedalar por cinco minutos depois de deixá-las na escola. Isso seria o empurrãozinho de que eu precisava.

O primeiro dia de escola chegou e eu não pedalei os cinco minutos.

No passado, quando eu previsivelmente parava de fazer algo depois da primeira onda de motivação, vinha a culpa. "Você fez de novo, KC. Igual à última vez. Pare de enganar a si mesma." O sentimento era seguido por algumas tentativas de voltar aos trilhos, que também fracassavam. Eu nunca consigo recapturar a motivação inicial e então desisto de vez e sinto culpa sempre que penso na atitude em questão.

O grande sonho de entrar no pique dos exercícios seguido por uma desistência melancólica provavelmente não é uma história nova para ninguém (e pode se referir também a escrever um diário, meditar ou manter o quarto limpo). Infelizmente, essa parte da história não foi muito diferente do que acontece com muita gente. Mas apresento aqui o que foi diferente.

Em vez de concluir que o problema era que eu só precisava me esforçar mais no dia seguinte, eu disse em voz alta: "Não montei na bicicleta ontem por cinco minutos, mesmo querendo. Isso me diz que cinco minutos é um objetivo grande demais. Será que eu conseguiria pedalar três minutos?"

Montei na bicicleta planejando pedalar três minutos. Em seguida pedalei mais dois. No dia seguinte decidi pedalar cinco minutos e continuei por mais cinco, já que estava ali. Depois toda a família enfrentou um problema de estômago e não pedalei durante uma semana. Mas agora sei que consigo pedalar três minutos. Encontrei minha rampa de acesso.*

Talvez eu volte ao ritmo de pedalar com mais frequência e talvez isso continue de forma inconsistente. **Uma coisa que sei é que, se mantiver a vergonha longe, posso manter a rampa de acesso aberta.** Na pior das hipóteses, às vezes consigo três minutos de benefícios para a saúde e o humor.

o problema de iniciar a tarefa

Uma das preocupações mais comuns que ouço das pessoas que têm dificuldade com as tarefas de cuidado é: "Eu quero fazer as coisas, mas não consigo me motivar."

Bom, os problemas de motivação são válidos, mas é importante avaliar se a questão é mesmo essa. Motivação significa um desejo ou impulso de fazer algo e um reconhecimento de que você considera que vale a pena fazê-lo. Se você não entende por que lavar roupa é importante ou se está se sentindo mal consigo mesmo a ponto de

---

* A metáfora de uma rampa de acesso é usada para explicar como você pode facilitar o início de uma tarefa, como a rampa de uma rodovia permite que você ingresse gradualmente na pista.

achar que não merece roupas limpas e se pergunta "De que adianta?", você tem mesmo dificuldade para encontrar motivação. Mas se você quer roupas limpas, se sente que sua vida seria melhor tendo roupas limpas e gostaria de conseguir lavar a roupa que você está olhando durante horas mas simplesmente não consegue se obrigar a lavar, isso não é falta de motivação. É um problema de iniciar a tarefa.

Se você tem um diagnóstico como TDAH, autismo, transtorno de estresse pós-traumático ou depressão (entre muitos outros), provavelmente conhece o problema de iniciar tarefas, porque essas condições costumam repercutir em dificuldades de funcionamento executivo, e a iniciação de tarefas é uma delas. Se você tem vivido com fatores situacionais que afetam o funcionamento executivo, como trauma, luto, estresse crônico ou privação do sono, talvez também esteja experimentando problemas de iniciação de tarefas.

Respire fundo. Isso não é preguiça. Você só precisa de ajuda para ultrapassar algumas barreiras.

Em geral, as barreiras de iniciação de tarefas se apresentam como dificuldades de transição. Por exemplo: estou sentada em uma poltrona e preciso lavar a louça, mas é muito difícil iniciar a transição de estar sentada confortavelmente na minha poltrona e me levantar para lavar a louça. O que preciso aqui é encontrar um modo de criar ímpeto. Como aconteceu no caso da minha bicicleta ergométrica, é possível alargar o ponto inicial da tarefa criando uma rampa de acesso.

Ideias úteis para iniciar tarefas:

ímpeto com música

Um modo de alargar o ponto de entrada é usar música. Passar da posição sentada para a posição de pé e dançar é uma baita transição. Mas continuar sentado e balançar os dedos dos pés no ritmo da música é uma transição pequena. A partir daí, mover as pernas e os braços também será um passo pequeno. Outro passo pequeno é mover o corpo todo em uma fantástica dança na poltrona. Agora que já está se movendo, pode muito bem ficar de pé! Estando de pé e em ação, ir até a pia é apenas uma transição pequena.
O ímpeto costuma aumentar a partir daí.

Sabemos que "neurônios que disparam ao mesmo tempo fortalecem as conexões entre si" e que o seu cérebro pode associar sentimentos a experiências. Se você dança todos os dias ouvindo a mesma música feliz com o bebê, o bichinho de estimação ou um amigo pelo FaceTime e depois de uma semana põe essa música para tocar enquanto dobra a roupa lavada ou lava a louça, o seu cérebro vai associar essa música à felicidade e lhe dará uma pequena recompensa de prazer.

permissão para começar

"Agora vou me obrigar a lavar a louça." "Eu me obriguei a tomar banho hoje." Vamos experimentar uma mudança de perspectiva. Em vez de se obrigar a terminar uma tarefa, experimente se dar a permissão para começar uma tarefa. Pegue leve. Diga: "Vou lavar um prato." Muitas vezes você vai descobrir que a motivação surge depois de já ter começado. É estressante tentar invocar 100% do ímpeto para fazer algo enquanto você está no sofá. Permita-se usar 5% de energia para realizar 5% da tarefa. Talvez você continue no embalo. Talvez não. Tudo bem. Qualquer coisa que valha a pena ser feita vale a pena ser feita parcialmente.

rumo à tarefa

Em vez de "Preciso terminar isso" ou mesmo "Preciso começar isso", pense: "Como posso chegar mais perto dessa tarefa?" Quando o que você quer é arrumar a cozinha antes de ficar sentada pelo resto da noite, chegar mais perto da tarefa pode significar simplesmente ir até a cozinha. Não fazer nada; fazer qualquer coisa; sentar-se junto à pia; mexer no celular enquanto se encosta na bancada. Até esse passo infinitesimal pode ajudar a criar ímpeto suficiente para você acabar pegando um prato para lavar.

tempos de espera

De que atividades você gosta e quais delas demandam algum tempo de espera? Talvez seja fazer chá ou assar biscoitos. Na próxima vez em que precisar fazer uma tarefa de cuidado, comece com uma tarefa agradável e use o tempo de espera para iniciar a tarefa de cuidado necessária. Saber que existe uma linha de chegada pode reduzir a barreira de entrada. Meu truque predileto é, em vez de preparar o jantar, encomendar comida e usar o tempo de espera para fazer outras coisas. Saber que eu posso ter finalizado tudo quando a comida chegar é uma grande motivação para mim.

combo

Se você costuma evitar tarefas de cuidado porque são tediosas, escolha uma coisa que você possa curtir fazer durante a execução da tarefa: ouvir um podcast ou um audiolivro, por exemplo. E não se limite às tarefas domésticas. Ouvir um bom podcast ou audiolivro durante o banho pode fazer toda a diferença.

companhia

Já notou que é mais fácil fazer qualquer coisa quando há um amigo com você? Mesmo se ele não ajudar, há alguma coisa na presença de outra pessoa que torna as tarefas mais fáceis. Peça para um amigo ou uma amiga passar um tempo com você enquanto realiza as tarefas de cuidado. Pode ser até por telefone.

limpeza com tempo marcado

Uma das minhas ferramentas prediletas é o cronômetro visual. Ajuda de tantas formas! Às vezes, quando pensamos em uma tarefa que parece desagradável, como guardar a louça lavada, o cérebro nos diz que a tarefa vai demorar muito mais do que demora de fato. Em outras ocasiões, tarefas como limpar o quarto parecem tão gigantescas que é opressivo simplesmente começar. Nessas situações, é útil usar um cronômetro para um pequeno período de tempo que você acha que pode aguentar. Em geral, entre 5 e 15 minutos. A contagem visual colorida ajuda o cérebro a conceitualizar a quantidade de tempo que falta com mais clareza do que com um relógio ou cronômetro comum. Ao usar um cronômetro você percebe que guardar a louça só demora quatro minutos! Quando você está limpando o quarto, o cronômetro lhe dá permissão para parar depois de 15 minutos, independentemente de a tarefa estar ou não concluída. Agora você está no pique e quer continuar? Ótimo! Quer parar? Também pode.

(Nota: o cronômetro visual também ajuda as pessoas que sofrem de falta de percepção temporal. Quando você tem 45 minutos para se arrumar antes do trabalho, pôr um cronômetro visual facilita a administração do tempo porque você pode ver o período que resta como uma porcentagem de tempo, e não como um número. Essa também é a razão para o cronômetro visual ser ótimo para as crianças!)

Existem algumas marcas que vendem cronômetros visuais. A Time Timer e a Secura são ótimas. Se o tique-taque incomodar, compre um modelo que permita desativar essa opção.

capítulo 11

as tarefas de cuidado são cíclicas

quando me tornei mãe e decidi ficar em casa, eu me comprometi a garantir que minha família sempre tivesse roupas limpas, o que não impediria que também tivéssemos roupas sujas.

Esse é um gentil lembrete de que os montes de roupa suja não são um defeito. Não importa se você "nunca consegue manter a roupa lavada em dia". Só importa que todo mundo tenha roupas limpas para usar quando for necessário. Se o seu sistema de lavagem produz roupas limpas, ele está funcionando. Se você desejar torná-lo mais eficiente, use a criatividade! Mas lembre-se de que melhorar o sistema de lavagem só pode aumentar a sua produtividade, e não o valor que você tem.

não é preciso encadear cada ciclo de cuidado

Esse foi o comentário que recebi em um dos meus vídeos no TikTok, no qual eu falava sobre limpar a casa. Para mim é sempre engraçado ver que "casa limpa" e "casa suja" são condições apresentadas como absolutas, sem nenhuma área cinzenta no meio.

> bom, não é exatamente a casa de uma acumuladora, mas também não é limpa...

Você não tem obrigação moral de fazer com que cada ciclo de cuidado se encaixe na condição de "feito" e mantê-lo sempre ali. Enquanto escrevo isto, a ilha da minha cozinha está bagunçada e o piso da sala está imaculado. A roupa suja não é posta para lavar há três dias e a sala de brinquedos está livre de poeira. Em algum momento vou acabar limpando a ilha, e nesse ponto haverá poeira na sala de brinquedos e sujeira no chão. Minhas filhas vão chegar da escola e se ocupar bagunçando a sala de brinquedos enquanto eu ponho a roupa para lavar. **Nem tudo precisa estar limpo ao mesmo tempo.**

Eu poderia ficar exausta fazendo a casa parecer uma loja de decoração o tempo todo, mas aí não teria tempo de levar minhas filhas para comprar fantasias de Dia das Bruxas, conversar com uma amiga durante uma hora ou escrever este livro.

por que limpar, se amanhã vai estar desse jeito outra vez?

Uma mensagem derrotista muito comum é: "De que adianta pegar isso do chão? Amanhã vai estar ali de novo." Acho que isso resulta daquela visão binária das tarefas de cuidado que diz que elas só podem ser feitas ou não feitas – e que "feito" é o estado superior. Mas o objetivo não é manter tudo feito. O objetivo é manter as coisas funcionais, porque o negócio é o seguinte: vai ficar assim amanhã *somente* se eu limpar hoje. Se eu não limpar, vai ficar mais bagunçado ainda, porque nós moramos aqui e criamos bagunça. E se a bagunça de amanhã somada à de hoje faz com que o espaço não funcione para mim, é hora de recompor o ambiente.

Eu arrumo as coisas não porque seja ruim estar bagunçado, mas porque a situação chegou ao final daquele ciclo de funcionalidade e eu preciso reajustá-lo para que me sirva mais 24 horas.

Atalho: pule para o capítulo 13.

capítulo 12

desenvolvendo habilidades gentis: como estabelecer prioridades funcionais

Não importa o quanto adotemos uma visão funcional das tarefas de cuidado, a verdade é que em algumas épocas da vida existem mais dessas tarefas do que horas no dia (ou energia no corpo) disponíveis para realizá-las. Trabalho, relacionamentos, ativismos, tarefas de cuidado, passatempos e, para algumas pessoas, filhos – tudo isso compete pelo mesmo tempo e a mesma energia.* Ainda que a maioria entenda que é impossível fazer tudo de modo perfeito, muitos de nós ainda têm dificuldade para deixar de lado a culpa constante sobre como as coisas *deveriam* estar. Pode ser difícil decidir exatamente o que priorizar quando o tempo e a energia são escassos.

Uma ferramenta que pode ser muito útil na decisão de como priorizar ou preterir os itens é o quadrado

---

* Christine Miserandino, defensora de pessoas portadoras de necessidades especiais, articula isso em seu conceito de Teoria da Colher, que é um recurso útil para entender as doenças crônicas.

de 9. Escolha uma área de sua vida. Escola, ativismo, maternidade/paternidade, etc. Vamos usar os cuidados pessoais como exemplo. Faça uma lista de coisas que você acha importantes para o seu cuidado pessoal. Primeiro pense nos itens de cuidado pessoal que têm maior impacto em sua saúde mental. Digamos que sejam tomar seus remédios, tomar banho e ter louças limpas.

Em seguida, faça uma lista dos itens que têm impacto médio (descansar, socializar, fazer exercícios) e os que têm impacto mais baixo (separar as roupas para o dia seguinte, dobrar a roupa lavada e varrer o chão). Você pode escolher quantos itens quiser. Em seguida divida-os identificando os que exigem pouco, médio ou grande esforço. Coloque os itens nos quadrados correspondentes do gráfico.

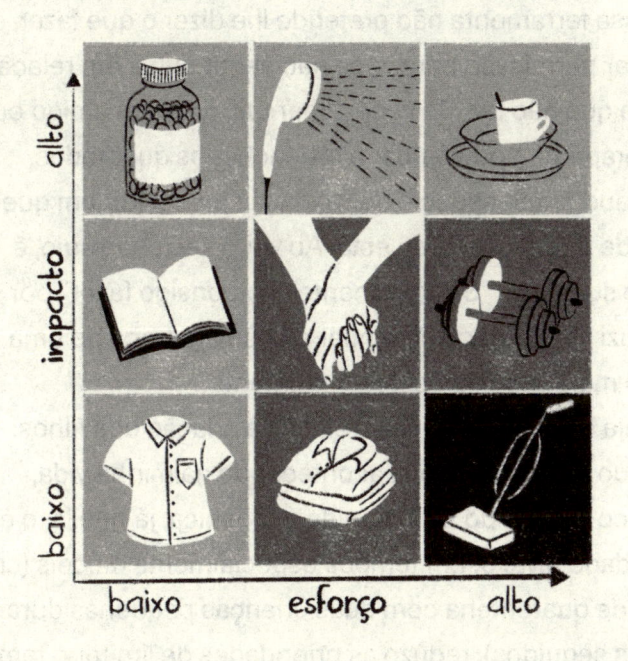

Assim que o gráfico estiver preenchido, você pode usá-lo para decidir em que se concentrar primeiro. Quando todas as áreas da sua vida estiverem no nível ideal, você pode tentar fazer todos os quadrados. Se estiver enfrentando alguma situação delicada, o quadrado preto pode deixar de ser prioridade sem culpa. Com um nível de estresse mais elevado ou por um período prolongado, os quadrados em tom cinza-escuro têm a prioridade reduzida para que você possa se concentrar nos quadrados cinza-claros.

Pode parecer estranho que arrumar a roupa para o dia seguinte esteja acima dos exercícios físicos nas prioridades. **Mas esse modo de pensar em prioridades permite que você faça o máximo usando a menor quantidade de energia.**

Essa ferramenta não pretende lhe dizer o que fazer, e sim dar permissão para você não sentir culpa em relação àquilo que não faz. Se você achar útil, um bom amigo ou um terapeuta pode ajudar a preencher os quadrados, realizando uma espécie de validação ao decidir em que nível de prioridade você está. Ao ver o seu chão sujo, é válido substituir "Simplesmente não consigo fazer" por "Reduzi a prioridade de limpar o chão em troca de uma tarefa mais importante neste momento".

Veja este exemplo com relação à criação dos filhos. Quando tem muita coisa acontecendo na minha vida, não fico pensando se a comida é orgânica, já que isso é prioridade nível 3. Em tempos especialmente difíceis (como estar de quarentena com duas crianças pequenas durante meses seguidos), reduzo as prioridades de limitar o tempo diante das telas, sair diariamente para brincar ao ar livre e usar brinquedos que não sejam eletrônicos. Não quero dizer que essas coisas não sejam importantes, só estou reconhecendo que, se tenho uma capacidade limitada, não gritar, ajudar minhas filhas a entender seus sentimentos, oferecer afeto físico, estimular a leitura e dizer às minhas filhas que sinto orgulho delas terão um impacto maior sobre elas do que os outros itens (e, mais importante, um impacto maior do que tentar fazer tudo isso e, em resultado, não conseguir fazer efetivamente nada).

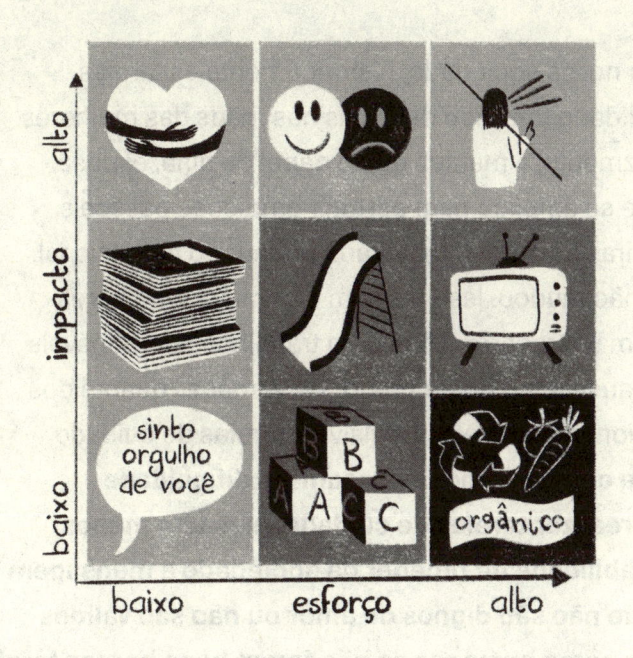

capítulo 13

as mulheres e as tarefas de cuidado

em nossa sociedade, historicamente as tarefas de cuidado têm sido deixadas nas mãos das mulheres. Infelizmente, à medida que o papel de filha, esposa e mãe se ampliou para permitir ambições pessoais, carreiras e parceria igualitária no mundo profissional, isso não mudou. Isso faz com que muitas mulheres fiquem sobrecarregadas com trabalhos intermináveis por causa tanto do emprego "de verdade" quanto dos relacionamentos e das invisíveis tarefas de cuidado. **Ainda que os homens possam ter dificuldade para realizar tarefas de cuidado, eles têm menos probabilidade de receber da sociedade a mensagem de que não são dignos de amor ou não são válidos como seres humanos se não forem bons nessas tarefas.** Nas mulheres, isso pode resultar em uma aflição intensa e interferir em sua saúde mental. Mas não precisa ser assim. Qualquer que seja o seu gênero, reflita sobre as mensagens que você recebeu sobre as mulheres e as tarefas de cuidado. De que maneira essas mensagens afetaram sua visão sobre as mulheres e sua relação com elas? Como isso impactou seus sentimentos a respeito de seu próprio gênero?

capítulo 14

desenvolvendo habilidades gentis: como lavar roupa

isso não é fracasso, é roupa suja

Minha rotina pós-parto para lavar roupa

1. Colocar um cesto de roupa suja em cada cômodo
2. Colocar a roupa suja para lavar na máquina
3. Voltar depois de oito horas quando a roupa já está cheirando a mofo porque me esqueci dela
4. Lavar de novo
5. Colocar a roupa na secadora
6. Voltar depois de 24 horas, quando está tudo amarrotado
7. Tirar a roupa da secadora e deixar no chão da área de serviço
8. Deixá-la ali de sete a dez dias úteis
9. Encarar meu rosto no espelho e lembrar que ser ruim lavando roupa não é uma falha moral e que estou, sim, me saindo bem

Não dobrei nenhuma peça de roupa até minha bebê estar com sete meses. Durante sete meses toda a minha família viveu com uma pilha gigantesca de roupas limpas espalhadas pelo chão da área de serviço. Vez ou outra eu conseguia colocar as roupas na máquina de lavar e transferi-las para a secadora entre os chiliques da menininha maior e os gritos da bebê, mas nunca conseguia passar disso. Um dia, como num passe de mágica, acabei tendo um tempinho para dobrar algumas roupas. Se eu tivesse passado aqueles sete meses dizendo a mim mesma que eu era uma porcaria a cada vez que olhasse para a pilha de roupas, provavelmente não teria tido a motivação para fazer aquilo, mesmo tendo tempo. Isso porque, se uma pilha de roupas representa o fracasso e eu já tenho dificuldades com uma recém-nascida, uma pandemia e uma menininha enérgica, meu cérebro, que tenta desesperadamente evitar a dor e buscar o prazer (ou pelo menos o alívio da dor), jamais me dará o sinal verde para passar por outra experiência dolorosa como gastar trinta minutos com a pilha de roupas que sinaliza o fracasso. Mas não é fracasso. É roupa. Encarar a coisa como moralmente neutra me ajudou a fazer o serviço.

truque mental para cuidar das roupas: a permissão decorre da neutralidade moral

A abordagem compassiva com relação a mim mesma me sustentou durante vários meses vivendo em modo de sobrevivência. Além disso, estabeleceu o alicerce para a revelação que tive um dia durante um raro momento dobrando as roupas e que mudou minha vida. Olhei o macacão que eu estava dobrando e me fiz uma pergunta chocante:

"*Por que estou dobrando macacões de bebê?*"

Eu não tive uma resposta. Eles realmente não amarrotam, e mesmo se amarrotassem ninguém se incomodaria de ver um bebê usando um macacão amarrotado – que de qualquer maneira eu teria trocado quatro vezes antes do almoço.

"*Essas coisas... não precisam... ser dobradas.*"

Falei isso em voz alta, me preparando para... a polícia das roupas lavadas? Não tenho certeza. Havia todo um processo a ser seguido, mas pela primeira vez parei de me perguntar como as roupas deveriam ser tratadas e comecei a me perguntar de que modo o cuidado com as roupas poderia ser funcional para mim.

Olhei as pilhas de roupa ao redor de onde eu estava

sentada. Pijamas de flanela, moletons, roupas de baixo, shorts de ginástica.

"*Praticamente nada disso... precisa ser dobrado.*"

Sussurrei comigo mesma, como se os deuses da lavanderia fossem me fulminar naquele instante.

Examinei a pilha de roupas, pegando os poucos itens que realmente precisavam ficar mais esticados para o trabalho ou simplesmente por preferência. Demorei um minuto para pendurá-los. O resto guardei sem ser dobrado em menos de três minutos.

Ai, meu Deus. Que outras regras sem sentido estou seguindo?

repensando as regras da lavagem de roupas

1. ~~Os cestos de roupa suja ficam nos quartos.~~ Os cestos de roupa suja ficam em todos os lugares. Ficam em cada cômodo, até mesmo, e especialmente, na cozinha e na sala de estar.

2. ~~Lave as roupas quando os cestos estiverem cheios.~~ Só lave nas segundas-feiras e lave tudo na segunda-feira. Aos poucos esse dia vai se tornar sinônimo de lavar roupa e será mais fácil lembrar.

3. ~~Separe as roupas escuras das brancas.~~ Lave tudo junto. Não separe. Não use água quente.

4. ~~Transfira a roupa rapidamente da máquina para o varal.~~ Ajuste um cronômetro assim que a máquina começar a funcionar.

5. ~~Dobre as roupas.~~ Use caixas/cestos para roupas e jogue tudo dentro delas, sem dobrar. Pendure algumas camisas.

6. ~~Guarde as roupas de todo mundo nos armários individuais em cada quarto.~~ Todas as roupas podem ser guardadas no mesmo cômodo. Não faz sentido levar roupas para três armários diferentes quando é você quem veste três dessas pessoas. Assim dá para guardar a roupa de todos os membros da família em oito minutos sem mal se mexer.

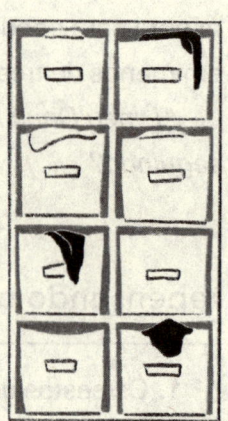

fazendo a lavagem de roupas servir você

Não existe um jeito certo de lavar roupa, portanto você pode adaptar o processo. Aqui estão outras perguntas a serem feitas para descobrir o que funciona para você.

- Que ideias preconcebidas você tem sobre a lavagem de roupas? Quando nos livramos da ideia de que existe um método moralmente certo ou um modo adulto e válido de lavar roupa, enxergamos as possibilidades de tornar esse processo funcional para nós mesmos.

- Toda roupa lavada precisa mesmo ser dobrada? Roupas de baixo, roupas de bebê, shorts esportivos e pijamas geralmente funcionam muito bem embolados numa gaveta ou num cesto limpo. Talvez seja uma tarefa mais administrável pegar as poucas peças que você gostaria que ficassem esticadas e pendurá-las, deixando o resto alegremente acomodado num cesto ou numa gaveta de fácil acesso.

- As roupas lavadas precisam ser guardadas? Quem disse? Se dobrá-las e deixá-las na área de serviço ou num cesto limpo funciona para você, não há motivo para as etapas extras de colocá-las em gavetas.

- A lavagem de roupas precisa ser feita em lotes enormes ou é melhor lavar uma pequena quantidade de peças essenciais a cada dia?

- Separar a roupa por cor antes de lavar e secar é algo que tornará a tarefa mais provável de ser feita? Vai fazer a tarefa ficar mais agradável para você?

- Você gostaria de ter menos roupas para que assim houvesse menos peças para lavar? Gostaria de começar a comprar tecidos que não amarrotam para não ter que se preocupar se esqueceu as roupas na máquina?

- No caso de ter condições financeiras, você gostaria de terceirizar completamente essa tarefa e seguir em frente com sua vida incrível? Considere contratar alguém semanalmente ou quinzenalmente para cuidar das suas roupas. Avalie se você preferiria deixar tudo em um serviço pago de lavanderia.*

quando você precisa de uma redefinição na lavagem de roupas

Você pode ler sobre todos os sistemas criativos de lavagem de roupas no mundo e isso não vai resolver o problema, caso se sinta tão paralisado por suas montanhas de roupas atuais a ponto de nem chegar a ter condições de ao menos implementar um novo método. É sempre válido mandar tudo para uma lavanderia e simplesmente seguir com a vida. Se isso estiver no seu orçamento e esse começo do zero for útil para você, manda ver!

    As pessoas falam muito sobre o benefício de reduzir o guarda-roupa, mas, como isso também é uma tarefa gigantesca, esse não é um ótimo ponto de partida para quem sente que está ficando sobrecarregado

---

* Ver os apêndices para mais ideias sobre sistemas de lavagem de roupas.

demais. **Mas podemos simular uma redução do guarda-roupa e ainda ter todos os benefícios sem ter que lidar com o intenso processo decisório exigido para uma redução de verdade.** Ponha para lavar a roupa suficiente para atender você e sua família por uma semana e guarde todo o restante em sacos ou caixas de plástico até um momento em que você possa lidar com aquilo. Escolha um dia para lavar roupa e, caso se sinta em condições, acrescente algumas peças de cada vez. Você pode se sentir melhor tendo mais espaço sem roupas espalhadas por toda parte, e talvez seja mais administrável manter em dia uma versão menor do seu guarda-roupa.

nem muito suja nem muito limpa

As pessoas sempre me perguntam o que fazer com aquelas roupas que não estão sujas o bastante para ir para o cesto, mas que, como foram usadas, estão um pouquinho sujas e talvez possam ser usadas mais uma vez. Pelo que aprendi com a experiência, roupas assim acabam parando em alguma cadeira por aí. Gosto de começar dizendo que, se a cadeira de roupas funciona para você, não há motivo para mudar isso. Nosso foco é determinar o que é funcional e, se você tem um espaço para abrigar as roupas "nem muito sujas nem muito limpas" – seja uma cadeira ou um cesto – e isso não o incomoda, realmente não há problema.

Se eu tenho uma blusa que usei naquele dia e que não está suficientemente suja para ir para o cesto, eu simplesmente... a coloco de volta com as limpas. Tudo bem. Na verdade é incrível. Na minha casa as roupas só têm dois endereços possíveis: o cesto de roupa suja ou o armário, e isso simplifica minha vida.

Lembre-se: no fim das contas não é tão importante se você inventou um jeito de "manter as roupas em dia". O importante é aprender a se tratar com compaixão e ter um diálogo interno mais amável com relação à lavagem das roupas. Se você nunca inventar um método, mas sentir menos vergonha e mais alegria na vida, eu diria que isso já é uma vitória.

capítulo 15

você não pode salvar a floresta tropical se estiver deprimido

Você não tem como contribuir para a salvação do planeta se estiver com dificuldades até para se salvar. Se você achar mais funcional usar pratos descartáveis ou jogar fora o que poderia ser reciclado, faça isso. Quando estiver funcionando de novo, você retomará a capacidade de fazer um bem verdadeiro pelo mundo. Nesse meio-tempo, seu trabalho é sobreviver.

De modo realista, quando você tem dificuldade para funcionar, não está escolhendo entre reciclar e não reciclar; está escolhendo entre deixar o papelão se acumular e ter mais uma tarefa por fazer, e descartar o papelão no lixo comum e conseguir se destravar a ponto de seguir em frente. Em qualquer das opções, a reciclagem não será feita nesse dia. Mas, se você sacrificar algumas semanas de papelão (ou Tupperware, papel ou plástico), talvez tenha a chance de se tornar um ser humano funcional, capaz de se engajar e fazer diferença em causas importantes, como o meio ambiente.

Sentir vergonha por comer carne, comprar *fast fashion* ou não ser ambientalmente sustentável quando você está lutando para chegar ao fim do dia não fará com que você ganhe magicamente a capacidade de fazer algo diferente. A longo prazo, a vergonha é um péssimo motivador e tem maior probabilidade de colaborar para a disfunção e os ciclos contínuos de práticas não sustentáveis.

ninguém faz todas as boas ações o tempo todo

Quando penso em todas as boas ações que eu poderia estar praticando – seja do ponto de vista ambiental, ativista ou altruísta –, costumo categorizá-las em dois níveis. O primeiro lista os padrões pelos quais espero ser responsável o tempo todo e em todas as áreas da minha vida. Esse também é o nível em que eu aceito ser cobrada por qualquer pessoa. Para mim, esse nível inclui garantir que eu não seja racista, sexista, classista, homofóbica, transfóbica ou capacitista, que eu sempre evite cometer abuso ou explorar os outros e que eu sempre aja com honestidade e integridade.

O segundo nível inclui coisas moralmente boas que não são absolutas, mas das quais participo sempre que possível: apoiar os pequenos negócios, doar dinheiro, fazer trabalho voluntário, reciclar, evitar comprar em lojas de *fast fashion*, produzir menos lixo, priorizar as empresas que tenham práticas éticas. Eu presto contas apenas a mim mesma e ao meu círculo mais íntimo com relação ao modo como organizo esse nível.

Nenhuma pessoa pode praticar todas as boas ações o tempo todo, e esperar isso de nós mesmos estabelece um perfeccionismo opressivo que ninguém pode alcançar. A imperfeição é necessária para uma vida boa.

capítulo 16

deixe as bolas de plástico caírem

Jennifer Lynn Barnes, escritora de livros para jovens adultos, postou no Twitter:

> Um dia eu estava num evento com a Nora Roberts e alguém perguntou a ela como equilibrar a escrita com a criação dos filhos, e ela disse que a chave para fazer malabarismo é saber que algumas bolas que você joga para o alto são de plástico e outras são de vidro.

Quando você está com dificuldade para funcionar, é importante identificar quais são suas bolas de vidro. Alimentar-se, cuidar dos filhos e/ou animais de estimação, tomar seus remédios e cuidar da saúde mental são alguns exemplos de bolas de vidro. Deixá-las cair teria consequências devastadoras e provavelmente faria com que todas as bolas caíssem. Reciclagem, veganismo e comprar em lojas do bairro são bolas de plástico. Podem ser importantes, mas não vão despedaçar sua vida se você deixá-las cair. As bolas de plástico caem no chão e permanecem intactas, de modo que você pode pegá-las de novo mais tarde. As de vidro, não.

Explicação literal: se você não consegue fazer tudo que quer, é importante identificar quais tarefas de cuidado são necessárias para você funcionar e priorizá-las até estar em condições de fazer mais. Por exemplo, se você estiver em um período muito estressante da vida e não tiver condições de limpar a caixa de areia do gato ou separar o material para reciclagem, é melhor parar com a reciclagem e usar essa energia poupada para encontrar uma rotina que permita que a caixa de areia do seu gato seja limpa com frequência. Não reciclar durante um tempo terá um impacto muito pequeno no mundo, mas não cuidar do seu gato terá um impacto gigantesco no bichinho.

minhas escovas de dentes com pasta incluída

Minha kriptonita de funcionamento executivo pessoal é escovar os dentes. Quando eu estava estudando ou trabalhando, isso nunca era problema. O ritual diário de parar diante do espelho todas as manhãs e me preparar para sair de casa, determinada a evitar que alguém sentisse nojo do meu hálito, tornava isso fácil. Quando tive minha primeira filha, precisei me esforçar demais para escovar os dentes. Não só porque eu não iria a lugar nenhum, mas porque o ritual matutino de "me levantar e me aprontar" havia sido substituído por "ser acordada por uma bebê berrando e correr o mais rápido possível para dar de mamar à tal bebê". Privação do sono, ficar em casa e me concentrar na experiência nova e avassaladora de cuidar de uma recém-nascida transformou a escovação de dentes em uma tarefa absurda que não tinha lugar no meu ritmo cotidiano.

Quando minha segunda filha nasceu, no meio do confinamento por causa da pandemia, o velho problema de escovar os dentes voltou com força total. Acrescente à lista a depressão pós-parto e o TDAH não diagnosticado, e não demorou muito até que aquilo se transformasse na Tarefa Impossível. Depois de 18 meses de autocompaixão e várias rotinas adaptativas que não se mantinham, por fim tive um momento de honestidade comigo mesma e encomendei uma caixa de 144 escovas de dentes com pasta incluída. Eu as mantinha em uma tigela perto da porta da frente e pegava uma sempre que passava por elas a caminho da cozinha ou quando saía pela porta dos fundos. Mantinha as escovas usadas em um pote de conserva até descobrir um modo de reciclá-las, mas até eu senti vergonha de todo aquele plástico descartável.

"Sabia que aquelas máscaras descartáveis que todo mundo está usando na pandemia também são feitas de plástico?", disse minha amiga Imani Barbarin. Imani é uma talentosa ativista pelos direitos das pessoas com deficiência que costuma falar sobre a interseção entre necessidades especiais e ambientalismo. Ela observou que o uso aceitável dos plásticos é sempre estabelecido segundo as coisas de que uma pessoa saudável precisa para ser saudável (pense em máscaras, luvas, frascos de remédios, bandagem elástica... até as caixinhas que separam suas vitaminas diárias), mas, quando se trata de uma pessoa com deficiência usando plástico, todo mundo quer censurá-la por matar o planeta. "Você precisa do que você precisa", foi o que ela me disse, num tom amável mas firme. Ela estava certa. Além disso, se eu não descobrisse um modo de escovar os dentes com mais frequência, a ida ao dentista certamente exigiria uma quantidade de plástico dez vezes maior para consertar os danos.

    A verdade é que, se você está usando alguma coisa para funcionar, essa coisa não é lixo. Deixar os aspersores ligados todos os dias por 15 minutos é desperdício, porque é mais água do que seu gramado precisa para viver. As mercearias e os restaurantes jogam fora comida boa diariamente, e isso é desperdício de alimento. Não consertar uma torneira que pinga, quando você pode fazer isso, é desperdiçar água. Mas usar uma coisa não é o mesmo que desperdiçar uma coisa. Tudo bem usar um prato de papel para comer se você estiver deprimido, sabendo que, se não fizesse isso, teria dificuldade para comer. Uma pessoa com diabetes pode usar agulhas descartáveis e você pode comprar uma bendita de uma salada pronta. O impacto que você pode ter no mundo quando está totalmente funcional é muito maior do que o insignificante impacto negativo causado pelo plástico descartável ou pelo uso adicional de água em casa. Pode haver ocasiões em que as autoridades peçam que você poupe o uso de recursos por causa de uma escassez iminente, e quando isso acontecer você pode fazer o máximo para se virar. Mas não é errado priorizar o seu funcionamento e descobrir outras maneiras de colaborar com o meio ambiente.

A mudança climática é real. O ambientalismo é importante. Mas não vamos consertar o planeta censurando pessoas neurodivergentes ou com problemas de saúde mental por causa de rotinas adaptativas de que elas precisam para funcionar. Leve essa energia para o Congresso. As pessoas que sentem raiva porque alguém com depressão clínica ou TDAH não se engaja em comportamentos ecológicos estão seriamente enganadas.

Um dos maiores princípios dos profissionais de saúde é buscar a redução de danos. Ninguém se torna funcional da noite para o dia, e algumas pessoas nunca deixam de ter dificuldades. Assim, o objetivo é dar passos que reduzam o dano, primeiro para nós mesmos, depois para os indivíduos ao redor e então para a comunidade. Você não pode pular direto para a redução de danos para a comunidade antes de abordar a redução de danos individual. Portanto, se uma mulher que ficou viúva recentemente tem dificuldade para comer, ela é liberada da

obrigação de ter uma alimentação perfeitamente ecológica, não porque não seja importante comer de maneira ética, e sim porque, quando a escolha no mundo real for entre comer derivados de leite ou não comer nada, a escolha ética é sempre comer. A escolha ética é sempre encorajar essa pessoa a comer qualquer coisa que ela consiga.
A redução de danos é sempre ética.

capítulo 17

desenvolvendo habilidades gentis: como lavar louça

agora vou falar sobre a louça. Aqui vão as regras básicas:

- Se você chorou por causa de pratos nos últimos sete dias, vá comprar pratos descartáveis.
- Se sua louça está na pia há meses, jogue tudo fora.
- Se você quer atacar a pilha de louça suja, continue lendo.

primeiro passo: preparação

Coma alguma coisa doce. Aumente a glicose no sangue e coloque uma música ótima para tocar. Pegue um avental bonitinho e um par de luvas de limpeza.

segundo passo: organização

Tire a louça da pia e a empilhe em categorias: utensílios grandes, utensílios pequenos, tigelas, pratos, copos, travessas, panelas, etc. Organizar tudo ajuda porque:

- Com frequência você vai ver que não é tanta louça quanto pensava.

- O ato de organizar costuma ser recompensador para a maioria dos cérebros. Esse passo sutil ajuda a manter a motivação.

- Geralmente isso leva cinco minutos e libera a pia. Se você conseguir passar por esses cinco minutos e decidir que já chega, apesar de ainda estar com a louça suja, agora você tem uma pia liberada – e uma pia liberada é funcional. Seria perfeitamente aceitável lavar direto na pia sem separar primeiro, e você ainda pode se dar permissão de parar depois de cinco minutos. Mas aí você ainda teria louça suja sem a pia liberada. Assim, acho que a separação é uma abordagem mais funcional.

terceiro passo: lavar ou pôr na máquina

Quem lava manualmente pode lavar por categoria, dando-se permissão de parar entre uma e outra. Quem tem lava-louça põe as peças na máquina de acordo com a categoria. Se você tem uma lava-louça, lembre-se de que não existe regra dizendo que você deve retirar da máquina toda a louça limpa de uma vez só. Tudo bem retirar da máquina e guardar nos armários uma categoria de cada vez, quando você sentir que consegue.

truque mental para lavar louça: o escorredor de pratos sujos

Fiz algumas melhorias funcionais na minha rotina com a louça, uma de cada vez. Decidi que o primeiro passo seria parar de largar os pratos pela casa toda e levá-los para a cozinha. Isso foi rápido, o que era importante no pós-parto, quando eu estava com uma recém-nascida e uma menininha de 2 anos ricocheteando pelas paredes, e garantiu que os pratos não fossem deixados pela casa por tempo suficiente para juntar mofo ou bactérias.

Curti essa melhoria funcional durante meses. Então comecei a tomar medicamentos para a depressão pós-parto e ganhei mais capacidade. A partir daí decidi começar a pôr a louça que estava na pia na lavadora todas as noites às 19h e ligá-la. Em alguns dias eu conseguia tirar a louça lavada antes de colocar a suja; em outros simplesmente enfiava os pratos sujos junto com os limpos e lavava tudo de novo. Às vezes até isso era um esforço enorme, e nesses dias eu tentava colocar na lavadora apenas os copos de leite de que minhas filhas precisariam.

    Um dia, olhando um site de utensílios e decoração, vi um escorredor de pratos e tive um lampejo de genialidade funcional. O entrave para lavar louça era o sentimento de estar sobrecarregada quando olhava aquela pilha. Se eu colocasse os pratos sujos no escorredor à medida que fosse usando, minha pia estaria vazia e acessível, e os pratos sujos estariam organizados, o que reduzia tremendamente o sentimento de estar sobrecarregada quando chegasse a hora de colocá-los na lavadora. Até comprei um segundo cesto para os talheres e coloquei na bancada, de modo que pudesse enchê-lo o dia inteiro e à noite trocar pelo cesto limpo tirado da lavadora. Agora tenho minha própria pequena estação de louça suja. Não é convencional, mas funciona para mim!

capítulo 18
quando você não tem filhos

Posso contar uma coisa sobre ter filhos? Ainda que isso crie mais bagunça do que eu tinha antes e às vezes dificulte a conclusão de tarefas, em alguns sentidos ter filhos facilitou certas coisas para mim. Cuidar dos filhos exige naturalmente uma programação. Eles acordam em determinada hora, comem em determinada hora, cochilam em determinada hora e vão para a cama em determinada hora. Realmente não sei como eu iria me motivar a fazer as atividades de encerramento toda noite se já não tivesse a rotina forçada de colocar as meninas na cama às 19h. Esse é realmente o motivo para eu estar de pé toda noite à mesma hora e por isso é fácil partir direto para as tarefas de encerramento.

O que quero dizer é que ter filhos torna as tarefas de cuidado não mais fáceis nem mais difíceis, mas apenas diferentes. Eu era bagunceira muito antes de ter minhas filhas. Sempre tive dificuldade para lavar louça quando era solteira e não tinha filhos. **Não é preciso ter filhos para que as dificuldades com as tarefas de cuidado sejam válidas.** Aqui todos são bem-vindos.

capítulo 19

quando é difícil tomar banho

existem mais pessoas com entraves relacionados à higiene do que você pode imaginar. Quer sejam entraves físicos ou mentais, essa é a área de cuidado em que as pessoas sentem mais vergonha por não conseguirem manter. Lembre-se de que tomar banho é algo funcional, e não moral. Milhões de seres humanos existiam antes da invenção dos chuveiros, e eles conseguiram existir e prosperar mesmo assim. Como acontece com qualquer tarefa de cuidado, a chave é a autocompaixão. A vergonha é inimiga do funcionamento.

kit de higiene

Temos um corpo para nos transportarmos de uma experiência alegre para outra. Temos motivos funcionais para limpar esse corpo porque desejamos que ele permaneça saudável e porque a sensação é boa. Portanto, se você tem um entrave físico ou emocional que torna o ato de tomar banho algo exaustivo a ponto de não conseguir fazer mais nada depois, tudo bem não tomar banho todo dia. No resto do tempo você pode usar um kit de higiene. Você pode colocar vários kits em áreas da casa onde sabe que poderá acessá-los com facilidade. Por exemplo, recomendo que as mães de bebês coloquem os kits perto do local de troca das fraldas, e que as mães com depressão mantenham um ao lado da cama.

Kit de higiene

- Lenços umedecidos
- Xampu a seco
- Escova de cabelos
- Escova e pasta de dentes (ou escovinhas interdentais descartáveis)
- Enxaguante bucal
- Loção para o rosto
- Desodorante
- Óleo essencial ou spray com perfume bom
- Toalhinha

cabelo embaraçado

Se faz muito tempo que você não lava o cabelo, pode ser muito doloroso emocionalmente lidar com o cabelo embaraçado. Isso é particularmente verdadeiro se você já está lidando com a depressão e tem dificuldade para sair da cama. Lembre-se de ser amável com você. Toque com gentileza o seu cabelo e o seu corpo e lembre-se de que as pessoas que estão passando por dificuldades merecem compaixão. Você também é uma pessoa.

Eu tenho um cabelo fino e encaracolado que começa a embaraçar depois de vários dias preso em um coque, sem ser escovado. É assim que lido com isso:

1. Entro embaixo do chuveiro, molho o cabelo e aplico uma máscara capilar. Não uso xampu primeiro porque é mais fácil desembaraçar o cabelo com creme.

2. Aplico porções generosas e depois deixo descansando por 20 minutos sob uma touca de banho.

3. Depois de retirar a touca, uso um pente de dentes largos para dividir o cabelo em mechas e então começo a desembaraçar pela parte de baixo, segurando junto à raiz, para não puxar. Depois de desembaraçar, lavo com xampu e condicionador comuns.

Se você passou muitos dias ou semanas na cama e o nível de embaraço dos fios é muito avançado, a internet jura que o spray Miracle Leave-in, da It's a 10, como diz o nome, faz milagres. Aplique um spray como esse no cabelo, divida-o em mechas e use os dedos para desembaraçar o que conseguir, começando pelas pontas e trabalhando até alcançar o couro cabeludo. Depois de fazer o possível com os dedos, use um pente de dentes largos ou um palito e repita o processo.

Se você acha que levará muito tempo até lavar os cabelos de novo, pense em usar um penteado protetor: tranças, por exemplo. Elásticos de cabelo feitos de seda são melhores para os coques, já que não arrebentam os fios como os elásticos comuns. Uma touca de seda ou uma fronha de seda no travesseiro ajudarão a impedir que os fios embolem ou arrebentem.

O melhor método para desembaraçar vai depender do seu tipo de cabelo. Pedi à dra. Raquel Martin algumas ideias sobre o tipo de cuidado que funciona melhor para cabelos afro quando a pessoa está com dificuldades. Passo a palavra para ela:

> Oi, pessoal. Aqui é a dra. Martin. Vou dar algumas sugestões para cuidar de cabelos afro. Ao determinar a melhor rotina de cuidados para o cabelo, existem

coisas diferentes que precisam ser levadas em consideração, como o tipo de cacho, o nível de porosidade e o nível de processamento. Ainda que meus exemplos possam não abranger todos os tipos, espero que haja algo útil para você. Eu tenho cabelo natural com um padrão de encaracolado denso que repele a umidade, de modo que rapidamente pode ficar difícil de administrar. Em momentos de transições significativas, luto e perturbação emocional, eu não conseguia sequer me imaginar levantando os braços por tempo suficiente para cuidar do cabelo.

Ao desembaraçar cabelos afro, comece sempre pelas pontas, use um pente de dentes largos ou uma escova de formato redondo e desembarace o cabelo úmido e com um condicionador sem enxágue. Uma das melhores coisas que você pode fazer para tratar do cabelo quando não está com vontade de cuidar de si é usar uma touca de seda quando for dormir ou dormir com uma fronha de seda no travesseiro. As fronhas de algodão tiram a umidade do cabelo e dificultam o tratamento. Lembre-se de que os cabelos afro ficam mais secos com o tempo, e não é necessário aplicar óleos pesados neles; é o couro cabeludo que precisa de mais óleo. Você pode usar um óleo essencial, como óleo de melaleuca, misturado com um óleo carreador, como o óleo de amêndoas. Não coloque óleos essenciais puros no cabelo; sempre misture com um óleo carreador. O óleo de melaleuca é uma escolha ótima porque ajuda a tratar a coceira e a secura e estimula o crescimento dos cabelos.

    Se você tem cabelo relaxado quimicamente, seu couro cabeludo pode ficar mais sensível em decorrência do crescimento novo, o que tornará mais difícil de cuidar do que as pontas processadas. A parte dos fios mais próxima das raízes também terá mais probabilidade de retomar a textura natural, que pode ser mais encaracolada. Assim, talvez você só queira fazer *twists* ou tranças, em vez de ir ao salão ou cuidar do cabelo diariamente. Esse tipo de penteado faz com que a disparidade entre as raízes e as pontas seja menos perceptível.

    Os estilos protetivos dão uma folga ao seu cabelo e reduzem a quantidade de manipulação necessária. Entre esses estilos podem estar tranças, *faux locks* e *twists*. Procure não manter esses penteados por mais de oito semanas por causa do acúmulo e da sensibilidade do couro cabeludo com o passar do tempo. Os lenços de cabeça também podem ser uma solução fácil nas ocasiões em que você não está a fim de cuidar do cabelo. Não demora mais de cinco minutos para prender um lenço, eles não precisam ser chiques e ficam bem legais.

Oi, aqui é a KC de novo. É útil para todo mundo saber que a maioria dos salões também desembaraça seu cabelo. Descobri que compartilhar suas dificuldades e declarar que você está procurando alguém que ajude sem julgar costuma ser recebido com gentileza.

escovando os dentes

Não é incomum que a escovação dos dentes seja considerada uma tarefa quase impossível. Isso não torna ninguém sujo ou nojento. Apenas indica que algumas pessoas estão passando por um período difícil. E as pessoas que estão passando por um período difícil merecem compaixão. Aqui vão algumas ideias para cuidar dos dentes quando for difícil escová-los:

- Escovinhas interdentais descartáveis, fio dental e escovas de dentes descartáveis com pasta incluída podem ser deixados na sua bolsa, na mesinha de cabeceira e no carro. Às vezes a parte difícil é ir ao banheiro.

- As pastas de dentes infantis têm sabor mais doce do que as de adulto. Algumas pessoas acham que se afastar dos fortes sabores de menta da pasta de dentes para adultos torna mais fácil escovar os dentes.

- As escovas de dentes elétricas costumam limpar mais em menos tempo. Algumas chegam a ter marcadores de tempo e mandam lembretes para o seu celular.

- Fazer bochecho com enxaguante bucal pode matar algumas bactérias da boca quando você não conseguir escovar os dentes. Lembre-se de que qualquer coisa que valha a pena ser feita vale a pena ser feita pela metade.

Atalho: pule para o capítulo 23.

capítulo 20

como cuidar do seu corpo quando você odeia fazer isso

Quando eu tinha 7 anos, minha mãe me levou a um abrigo de animais e disse que eu poderia escolher um gato. Fui direto até a última fileira de gaiolas e encontrei a gatinha mais feia que você já viu na vida. O rabo tinha sido cortado depois que ela fora atropelada, e o traseiro estava úmido por causa de feridas recentes e pomadas. Anunciei à minha mãe que queria aquela. Levei-a para casa e cuidei dela. Passei a conhecê-la e ela virou minha amiga, não porque parecia incrível, mas porque decidi cuidar dela. O que quero dizer é: às vezes é bom considerar que o corpo é algo separado de você. Você *tem* um corpo – não *é* o seu corpo. Assim, mesmo se achar que seu corpo está ruinzinho, você pode conhecê-lo aos poucos, sem julgamentos, cuidando dele. E ele pode acabar sendo seu amigo.

Interpretação literal: Você não precisa esperar até que surja um problema com seu corpo para cuidar dele. Na verdade, cuidar do corpo costuma fazer com que você comece a gostar mais dele.

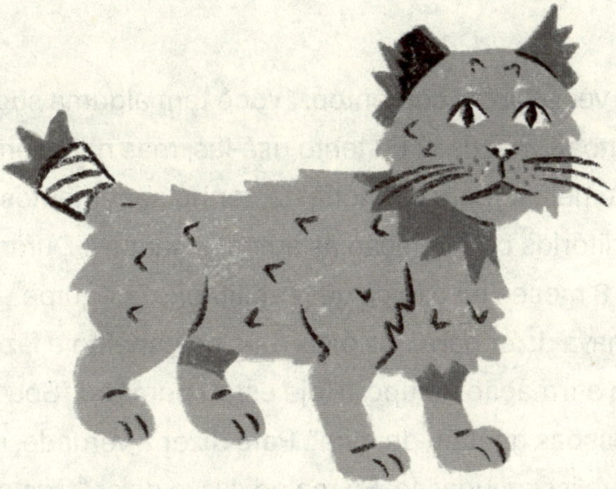

capítulo 21

papo amável com você mesmo: "tenho permissão de ser humano"

Uma vez alguém comentou: "Você tem alguma sugestão para autoafirmações? Eu tento usá-las, mas nem sempre acredito nelas." Para ser honesta, tenho sentimentos contraditórios com relação às autoafirmações. Durante meus 18 meses na clínica de reabilitação, a equipe costumava dizer para nos olharmos no espelho e fazermos alguma afirmação do tipo "Hoje estou bem" ou "Sou linda e as pessoas gostam de mim". Para dizer a verdade, nunca senti que isso ajudasse. Eu me odiava, e dizer "Gosto de mim mesma" diante do espelho parecia tão eficaz quanto dizer "Acredito em unicórnios" – e quase igualmente infantil. Mas, à medida que comecei a percorrer a estrada da autocompaixão compreensiva, encontrei uma – apenas uma – afirmação que funciona para mim: "Tenho permissão de ser humana."

É isso. Os seres humanos nascem com o direito de valer a pena (obrigada, Brené Brown), mas, sabe de uma coisa? Além disso, eles são criaturas confusas, falhas, imperfeitas, que não podem nem vão conseguir jamais fazer tudo certo o tempo todo. **E essa imperfeição confusa, falha, jamais reduz nosso valor inerente.** Eu não sou exceção, nem você. Quando faço algo errado ou tenho dificuldades, essa frase simples me lembra de que meu valor não está em jogo. Portanto, junte-se a mim na próxima vez em que sentir o pânico de cometer um erro e diga: "Tenho permissão de ser humano."

Um dia simplesmente comecei a perguntar: "E se eu merecer mais? E se eu merecer gentileza? E se eu merecer amor? E se eu for uma pessoa que merece um espaço funcional? E se eu tiver o direito de cometer erros?"

Não importa qual você ache que seja a resposta. Simplesmente comece a abrir espaço para a possibilidade de não ser verdade quando você diz que não tem valor.

capítulo 22

bom o bastante é perfeito

há vários meses tenho ido para a cama com a cozinha limpa. O segredo? Não me importo com o aspecto do corredor da frente. Ele pode ficar de qualquer jeito. Não é da minha conta. Minhas roupas sempre são arrumadas no dia da lavagem porque parei de me preocupar se elas estavam dobradas ou não. E meu quarto parece sereno e arrumado porque dei ao banheiro a permissão permanente de parecer habitado por um gambá feroz. O segredo que está me permitindo ter uma casa funcional é que eu tenho feito tudo pela metade. E ela está melhor do que nunca.

Isso vai contra o que a maioria de nós aprende enquanto cresce.

Talvez você tenha crescido ouvindo que precisava "fazer tudo com excelência" (ou, para as pessoas criadas em ambiente religioso, "fazer tudo pela glória de Deus!"*). E talvez essas sugestões tenham ferrado você um pouquinho.

---

* Garanto que Deus não se importa com a sua forma de lavar roupa.

Fazer coisas com excelência não significa fazer tudo com perfeição. Se você passar a vida inteira achando que a cada vez que limpa a geladeira isso precisa ser feito com perfeição, que toda vez que toma um banho isso precisa ser feito com perfeição, vai acabar com sobrecarga demais e odiando a própria vida. Mas se priorizar algumas coisas boas que realmente importam e buscar um nível bom o bastante para todo o resto permite que você chegue ao fim do dia saudável e capaz de experimentar a alegria... bom, essa é uma vida excelente.

Assim, esqueça como você acha que as tarefas de cuidado "deveriam" acontecer e busque um modo de fazê-las que funcione para *você*. O objetivo não é fazê-las de forma perfeita. O objetivo deve ser transformar seu espaço em algo funcional. **Assim, ainda que lavar uma pilha de roupas possa parecer um grande feito, é válido lavar apenas três roupas íntimas como uma forma de cuidado pessoal. Você tem toda a permissão de fazer um pouquinho, fazer com atalhos e fazer o mínimo do mínimo.** O perfeccionismo é debilitante. Quero que você abrace a imperfeição adaptativa. Não estamos nos contentando com pouco; estamos usando rotinas adaptativas que nos ajudem a viver, funcionar e prosperar. Bom o bastante é perfeito.

capítulo 23

desenvolvendo habilidades gentis: como trocar a roupa de cama

Um velho truque de mães e pais é colocar várias camadas de lençóis e protetores de colchão na cama da criança, de modo que seja mais fácil resolver os acidentes noturnos. Apesar de conhecerem esse truque, muitos pais que têm dificuldade de trocar os próprios lençóis não pensam em experimentar esse método. O protetor de colchão impedirá que a sujeira e o suor cheguem aos lençóis que estão por baixo, e assim você pode simplesmente tirar a camada de cima e ter um lençol limpo que já estava na cama. Mesmo que você não tenha ou não possa comprar vários protetores de colchão, colocar camadas de lençóis na cama é um modo válido de cuidar de si mesmo. Ficar com um novo lençol que pode ter um pouquinho de suor é mais funcional do que nunca trocar o lençol velho. Avaliar seu funcionamento é sempre uma coisa boa. Você merece lençóis limpos.

capítulo 24

descansar é um direito, não uma recompensa

Se você considera que as tarefas de cuidado são algo moral, você provavelmente:

a. nunca para de se mexer, sente-se ansioso e sobrecarregado e vive constantemente exausto, ou
b. carece de motivação, sente-se paralisado e sobrecarregado e vive constantemente exausto.

Na verdade, esses são dois lados da mesma moeda. E a moeda é a vergonha. Quando acreditamos que nosso valor depende de realizar a lista interminável de tarefas de cuidado, é pouco provável que nos permitamos descansar até que tudo esteja feito. Mesmo quando conseguimos nos forçar a agir usando a vergonha, descobrimos que as pessoas que trabalham com vergonha também descansam com vergonha. Em vez de alívio, fazer uma pausa só traz sentimentos de culpa. **Você não precisa ganhar o direito de descansar ou se divertir. Esqueça a ideia de que as**

tarefas de cuidado devem ser totalmente concluídas antes que você possa relaxar. A lista de tarefas de cuidado é interminável, e se você esperar até que tudo esteja pronto para depois descansar, não vai descansar nunca.

Tenha em mente que descansar é mais do que dormir. Dormir é uma atividade de recarga que acontece quando você está inconsciente. Uma quantidade enorme de estudos demonstra a importância do sono para o bem-estar, mas falamos menos sobre a importância do descanso, que é a mesma. O descanso é uma atividade de recarga que acontece quando você está consciente. Cada pessoa considera que diferentes atividades promovem descanso, mas em geral buscamos as mesmas qualidades: conexão, redução do ritmo e simplesmente ser, em vez de ser produtivo.

Descansar é difícil para muitas pessoas porque elas confundem "não fazer nada" ou ser improdutivas com ser preguiçosas. É fundamental desenvolver uma voz interna compassiva que questione essas mensagens. Reconheça que não ser produtivo é uma distração necessária. O descanso é necessário para a energia, e o descanso é necessário para o trabalho.

Na infância, muitos de nós aprendemos que não poderíamos descansar ou brincar até que todas as tarefas estivessem feitas. Isso porque nossos pais desejavam nos ensinar os bons valores da responsabilidade, do benefício a longo prazo, do cuidado com o ambiente e do respeito pela família. Esse arranjo funciona bem porque, na infância, nossas tarefas são finitas. Em geral, a lista é curta: arrumar o quarto, fazer o dever de casa, recolher os brinquedos, etc.

Assim, nós terminamos essa lista e seguimos em frente sem culpa. Mas, quando nos tornamos adultos, essa lista de tarefas de cuidado não é mais finita. É uma lista interminável de tarefas que se repetem todos os dias. Quantos de nós internalizamos a mensagem de que não podemos descansar ou brincar até que essa lista esteja concluída? E quando descansamos antes da conclusão, sentimos culpa. Como podemos criar nossos filhos (ou nos reestruturar como pais) para que eles aprendam a ter responsabilidade e a descansar?

"como saber se preciso de uma folga ou se estou só de preguiça?"

Às vezes desço para o andar de baixo depois de colocar as meninas na cama, olho a bagunça na casa e penso: "Eu realmente quero me sentar, mas executar as tarefas de encerramento do dia seria uma tremenda gentileza para o meu eu matinal, então vou colocar um pouco de música e me motivar." Em outras ocasiões, desço a escada e sinto a pontada sutil de um corpo e uma mente pedindo para serem paparicados sem demora – e nessas noites faço o mínimo do mínimo ou não faço nada. Lembre-se: a preguiça não existe.

Durante muito tempo, quando eu optava por realizar apenas uma parte das tarefas de cuidado, sentia uma culpa imensa por ser irresponsável. Mas de onde foi que tirei a ideia de que priorizar o descanso e não a louça suja durante uma noite é algo irresponsável? O problema não é optar por descansar em vez de limpar a cozinha; é que eu disse a mim mesma que estava sendo uma pessoa ruim ao fazer isso. Imagine como seria diferente se, em vez disso, eu optasse por dizer: "Seria uma gentileza enorme comigo mesma deixar isso de lado e descansar esta noite. Isso vai continuar aí amanhã."

A maioria das pessoas teme que, se aceitar esse tipo de gentileza, permanecerá para sempre sem a capacidade de funcionar. Considero esse medo infundado.

Não acredito na preguiça, mas, mesmo se acreditasse, a boa notícia é que a gentileza com nós mesmos é extremamente motivante. Pode ser que, quando começar a se dar toda a permissão de descansar sem culpa, você se pegue descansando um bocado. Talvez seja disso que seu corpo e sua mente precisem. Pesquisas mostram que pessoas que relatam a sensação de esgotamento podem demorar meses, ou mesmo anos, para começar a se sentir recuperadas do dano causado pelo estresse psicológico. O corpo pode precisar desse tempo a mais para processar, descansar e ser. Se você fizer isso com gentileza, terá mais motivação para cuidar de si do que se continuasse se pressionando ou se censurando por uma suposta preguiça. Assim, eu simplesmente não me preocuparia com isso. **Descobri que o equilíbrio entre descanso e trabalho parece funcionar de forma muito natural quando a pessoa pratica a gentileza consigo mesma.**

Portanto, independentemente do que fizer, faça com gentileza.

quando, financeiramente, você não pode se dar ao luxo de descansar

Tudo bem ficar alardeando que o descanso é vital, mas a verdade é que algumas pessoas não podem se dar ao luxo de descansar. Elas precisam trabalhar por horas a fio apenas para pagar as contas ou alimentar a família. Mesmo sabendo que essa é a realidade de muitos, sempre fui privilegiada demais para ter que passar por isso. Assim, seria idiotice de minha parte tentar dar conselhos sobre como arranjar tempo para descansar quando suas mãos estão ocupadas tentando sobreviver. O que posso dizer é que as pessoas forçadas a batalhar e ralar dia após dia estão entre as mais criativas e cheias de recursos que já conheci. Elas já têm que decidir regularmente entre duas coisas de que precisam quando só têm tempo – ou dinheiro – para uma. Nem eu nem nenhum autor podemos dar um conselho geral para solucionar esse problema. Só posso dizer que você tem absolutamente todo o direito de considerar suas necessidades de descanso e as de sua família merecedoras de toda a criatividade e de todos os recursos que você já possui. Talvez seja algo como uma noite por semana em que todo mundo come em pratos descartáveis, de modo que haja menos louça para ser lavada; ou uma noite assistindo a um filme em família, com todos tranquilos e relaxados, sem fazer bagunça na hora de ir para a cama. Ou talvez seja algo completamente diferente para você. Existem ocasiões na vida em que simplesmente não podemos realizar todas as nossas necessidades, mas a mudança mental de considerar que o descanso não é um luxo, e sim uma necessidade válida, nos ajuda a ser criativos, ou pelo menos nos autoriza a reclamar que a vida está difícil neste momento.

Atalho: leia o capítulo 25, sobre divisão de trabalho, ou pule para o capítulo 26.

capítulo 25

divisão de trabalho: o descanso deve ser justo

Um grande fardo com relação às tarefas de cuidado é lidar com uma divisão desigual de trabalho entre os parceiros em casa. Aqui não há espaço para fazer uma avaliação completa dessa luta muito válida, mas posso lhe oferecer uma nova estrutura para esse sistema.

A maioria dos casais aborda a divisão de serviços no sentido de tornar a carga de trabalho igual para ambos. Assim, a fórmula deveria ser quantificar quanto "trabalho" representa o seu emprego com salário e quantificar quanto "trabalho" representa o meu emprego com salário, depois distribuir as tarefas de cuidado para fazer com que elas fiquem distribuídas igualmente entre os dois. Essa abordagem se parece um pouco com o seguinte:

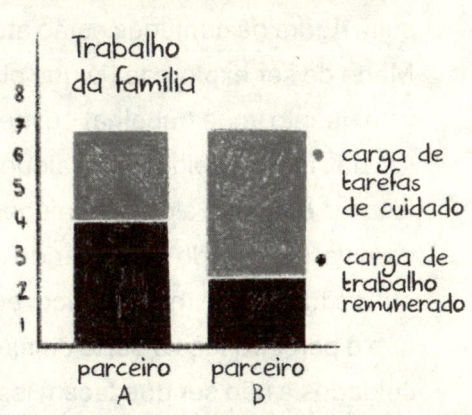

Trabalho da família

• carga de tarefas de cuidado
• carga de trabalho remunerado

parceiro A   parceiro B

O problema dessa abordagem é que quantificar o trabalho exigido para uma tarefa não é uma ciência exata. Decidir quem trabalha mais geralmente é comparar alhos com bugalhos. A gente computa as horas consumidas? E se um trabalho for fisicamente exigente, mas for realizado em tempo menor? Como comparamos empregos que são mental ou emocionalmente exaustivos com os que não são? E os empregos que têm uma atmosfera do tipo "estar disponível a qualquer momento"? Será que alguém que viaja a trabalho deveria realizar menos tarefas de cuidado porque passa tempo demais no trabalho ou será que deveria fazer mais tarefas de cuidado porque os dois não estão realizando tarefas de cuidado juntos quando a pessoa está longe?

Mais importante: quando existe a postura do "quem trabalha mais" é porque a discussão já está perdida. Se o objetivo é manter as relações igualitárias, quando um parceiro diz: "Preciso que você faça mais", o que o outro escuta é: "Você não está fazendo o suficiente."

Uma vez que o sentimento de não ser valorizado entra na discussão, não estamos mais falando sobre louça suja. Agora os cônjuges estão atuando a partir do medo. Medo de ser explorado (já que claramente a pessoa não vê o quanto você trabalha) ou medo de explorar alguém (ou de ser percebido como alguém que está explorando). Isso faz com que alguns cônjuges assumam trabalho demais, esgotando-se e ficando ressentidos, enquanto outros trabalham muito pouco, porque não acham mais que o parceiro faça a parte deles e sentem que não serão cuidados a não ser que façam isso por si mesmos.

O objetivo não deveria ser tornar o trabalho igual, e sim garantir que o descanso seja justo.

Os que acham que escaparão desse conflito pelo fato de um dos cônjuges permanecer em casa costumam ser os mais enredados nele. Imagine um mineiro de carvão e uma esposa que fica em casa. Digamos que os dois concordem que uma hora minerando carvão é mais difícil do que uma hora cuidando dos filhos. Assim, eles presumem que a pessoa que faz o trabalho menos difícil deve assumir todas as tarefas de cuidado da família. Os gráficos dos dois estão do mesmo tamanho. Então qual é o problema?

A questão é que, para a maioria dessas famílias, o mineiro de carvão sai do trabalho às 17h e tem dois dias de folga por semana. Como ele cumpriu com o serviço da semana, não vê problema em dormir até tarde sábado e domingo e usar esse tempo para entretenimento e fazer o que quiser. Enquanto isso, a parceira que faz o trabalho "mais fácil" não tem essas folgas.

O mineiro de carvão e a mãe que fica em casa podem discutir até o fim dos tempos sobre quem trabalha mais. A verdade é que os dois estão cansados. Os dois querem que seu trabalho seja valorizado. E os dois merecem descanso. É isso: mesmo que você tenha o trabalho "mais fácil", ainda precisará de descanso. Por natureza, as tarefas de cuidado são fundamentalmente diferentes do trabalho remunerado. Não são mais difíceis nem mais fáceis. São diferentes. São cíclicas e intermináveis. Nunca há um momento, em especial no cuidado dos filhos, em que tudo está "feito" e você pode bater o cartão de ponto e sair. Pense no trabalho "mais fácil" que puder imaginar e se pergunte se você gostaria de trabalhar 16 horas por dia e ficar de plantão à noite 365 dias por ano. Nenhuma pessoa pode fazer isso e ser saudável.

Assim, que tal começar a conversa estabelecendo um descanso justo para todos? Para começo de conversa, teremos duas pessoas cuja tarefa não é provar o valor do próprio trabalho para a outra, e sim cuidar uma da outra, e que se perguntam: como podemos garantir descanso para nós dois? Essa conversa vai definir quem faz o quê em casa, mas também muito mais do que isso.

Independentemente de qual trabalho "é mais difícil" ou "dá dinheiro", o mineiro de carvão precisará assumir alguma parte das tarefas domésticas e de criação dos filhos de modo a gerar espaço para que a companheira também tenha tempo de descanso e entretenimento na semana. Companheiros de verdade vão querer fazer isso. Eles não se consideram mais merecedores de descanso do que o outro, com base no contracheque ou nas horas trabalhadas. Esse não é um acordo comercial em que você precisa proteger seus interesses contra um adversário; é uma parceria em que você se importa com o bem-estar da pessoa amada. Esse objetivo se parece mais com um gráfico de linha em que os dois trabalham juntos para garantir que o descanso e o prazer da vida permaneçam justos em todas as épocas do ano.

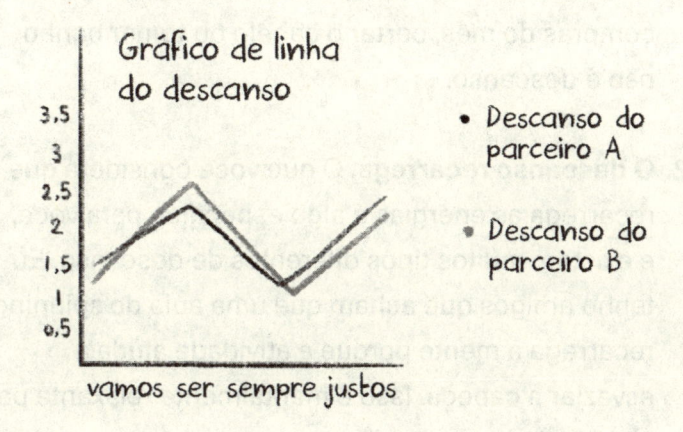

Gráfico de linha do descanso

- Descanso do parceiro A
- Descanso do parceiro B

vamos ser sempre justos

como abordamos o descanso justo

Michael é advogado e trabalha em uma firma movimentada. Nos 18 primeiros meses da nova carreira, ele trabalhava sete dias por semana. Eu era uma mãe que ficava em casa cuidando de duas filhas. Nós dois merecíamos descanso e precisávamos descobrir um jeito de garantir que a casa funcionasse e que nós dois descansássemos. Eis o que decidimos. Primeiro, vamos ser específicos com relação ao que significa descanso. Nossa compreensão do descanso é a seguinte:

1. **O descanso é divertido.** É um momento em que você realiza uma atividade recreativa de sua escolha.

Pode ser algo relaxante como assistir à televisão ou pintar (ou tirar um cochilo!), ou pode ser algo ativo como caminhar ou ir ao shopping. Descansar não é realizar sozinho as tarefas de cuidado. Fazer compras do mês, cortar o cabelo ou tomar banho não é descanso.

2. **O descanso recarrega.** O que você considera que recarrega as energias é algo específico para você, e existem muitos tipos diferentes de descanso. Eu tenho amigos que acham que uma aula de spinning recarrega a mente porque a atividade ajuda a esvaziar a cabeça. Isso é mentalmente relaxante para eles. Eu tendo a considerar os exercícios um trabalho físico e mental, e não algo relaxante. Você pode se sentir mais descansado quando consegue um tempo para maratonar sua série predileta. Eu costumo achar uma conversa com uma boa amiga durante um almoço sem crianças uma atividade reparadora e socialmente relaxante.

3. **O descanso inclui autonomia de tempo.** As tarefas de cuidado devem ser divididas de modo que haja tempo para todo mundo descansar e manter a casa funcionando. Nas parcerias em que há filhos, é possível que os períodos de descanso precisem ser mais estruturados – algo como momentos na semana em que você possa decidir o que fazer sem ter que "arranjar alguém para cobrir a folga". Se para um dos

parceiros poder ir e vir como quiser e presumir que o outro cuidará dos filhos é necessário que o outro parceiro praticamente preencha um formulário com o cônjuge três semanas antes, essa parceria não inclui descanso justo. Todo mundo merece uma janela na semana em que tenha autonomia de tempo.

4. **Descansar não é ficar de plantão.** Isso significa que assistir a um programa de TV no sábado enquanto os filhos brincam na sala e vêm pedir comidinhas e fazer manha a cada 10 minutos não é descanso.

5. **Descansar inclui responsabilidades.** É responsabilidade do seu parceiro proteger o seu tempo de descanso, mas descansar é responsabilidade sua. Se você é perfeccionista e acaba usando o tempo de descanso para esfregar rodapés, a culpa não é do seu companheiro.

Não estou dizendo que ver TV enquanto seus filhos estão na sala não seja divertido ou que não seja importante arranjar espaço para tomar um banho sozinha. O que estou dizendo é que essas atividades não atendem à necessidade vital de descansar.

Você deve lembrar que antes, neste capítulo, falei que descansar é mais do que dormir. Isso é verdade. Mas dormir também não é pouca coisa. Foi por isso que nosso objetivo de descanso igualitário começou considerando o sono. Pouco depois do nascimento da nossa primeira filha,

Michael e eu começamos a dividir os finais de semana para garantir que nós dois dormíssemos. Nas manhãs de sábado eu acordo cedo com as crianças e nas manhãs de domingo é ele quem faz isso. O cônjuge que vai dormir tem até as 10 da manhã para dormir ou então acordar e fazer o que quiser (nós sempre escolhemos dormir). Com frequência Michael precisa trabalhar por pelo menos algumas horas nos fins de semana, e está combinado que eu seguro as pontas enquanto ele faz isso. Mas temos o entendimento de que as horas que não passamos dormindo ou trabalhando no fim de semana devem ser horas de paternidade e maternidade compartilhadas. Ninguém simplesmente sai pela porta para fazer qualquer coisa presumindo que o outro tomará conta das crianças. Em vez disso, planejamos do que precisamos ou o que gostaríamos de fazer naquele fim de semana em termos de obrigação e diversão. Isso não tem a ver com obter permissão; tem a ver com respeito. O tempo livre não pertence automaticamente a um dos membros do casal, às custas do outro.

À noitinha, quando chega do trabalho, Michael parte direto para ver as crianças. Eu as deixo com ele e vou fazer o jantar. Depois, ele dá banho nas meninas e põe as duas na cama enquanto faço as tarefas de encerramento do dia (falarei mais sobre isso adiante). Nós dois terminamos tudo por volta das 19h30 e nos sentamos para ver TV juntos até a hora de irmos para a cama.

Em geral, quando nos sentamos às 19h30, a sala está uma bagunça, a roupa lavada não foi dobrada e pelo menos uma área da nossa casa parece ter sido atingida por um furacão. Mas, mesmo assim, nós nos sentamos. Ambos encerramos o expediente às 19h30. Porque a chave para garantir o descanso justo na nossa casa tem muito mais a ver com demonstrar apreço e dar ao outro o benefício da dúvida do que decidir quem deve levar o lixo para fora. O modo como falamos um com o outro, como curtimos um ao outro e amamos um ao outro nas milhões de esferas que não fazem parte das tarefas de cuidado na nossa vida estabelece um alicerce de confiança. Michael não acorda cedo para preparar as crianças para o dia. Por mim, tudo bem; eu presumo que isso significa que ele precisa do sono extra. Do mesmo modo, nossa casa nunca está impecável quando ele chega. E, para ele, tudo bem; ele presume que isso significa que as meninas e eu devemos ter tido um dia realmente divertido ou realmente difícil.

Michael e eu não deixamos de ter dificuldades conjugais normais. Como todos os casais, às vezes discordamos sobre o trabalho familiar, mas ainda assim tem sido melhor nos concentrarmos no esforço para que o descanso seja justo. O descanso justo cobre uma infinidade de pecados na divisão do trabalho.

capítulo 26

desenvolvendo habilidades gentis: banheiros

Quando o assunto é limpeza, existem épocas na vida em que o objetivo é descobrir como obter o máximo de funcionalidade com o mínimo gasto de energia. Existe uma quantidade finita de energia e de horas no dia, e você até poderia passar esse tempo fazendo uma tarefa de limpeza suficientemente boa se tornar fantástica. Mas por que faria isso? Deixe para quando estiver em condições e tiver um tempo extra.

Até lá, simplesmente use um esfregão para limpar o vaso sanitário e outro para limpar o box, a banheira e a pia. Passe um pano com limpa-vidros nos vidros e algumas toalhas de papel nas bancadas, na porta do box e nos espelhos. Você está se saindo muito bem. Ninguém vai ficar no leito de morte lamentando não ter limpado o banheiro o suficiente.

Uma nota para os sobreviventes de abusos:

Se o abuso que você sofreu implicou humilhação, degradação, vergonha ou atos sexuais, pode ser muito difícil limpar vasos sanitários. Aproximar o rosto de um lugar onde vão os órgãos genitais e os excrementos pode ser um gatilho forte. Se for o seu caso, seja muito gentil com você mesmo. Se for muito difícil, pode passar essa tarefa para outra pessoa na sua casa ou pagar para alguém executá-la.

capítulo 27

desenvolvendo habilidades gentis: um sistema para manter seu carro limpo

Sei lá. Meu carro está uma pocilga. Não sei resolver esse problema. Talvez jamais consiga resolver. E tudo bem. Para ser sincera parei de me esforçar demais na tentativa. Esta jornada não tem a ver com algum destino místico em que tudo tem um sistema perfeito; tem a ver com a permissão de tornar as coisas funcionais e de curtir sua vida, mesmo que o seu carro nunca fique limpo.

capítulo 28

quando seu corpo não coopera

à s vezes o entrave para realizar as tarefas de cuidado não está na mente, e sim no corpo. A mente quer fazer, mas o corpo parece ter sacos de areia no lugar das pernas. Talvez seja porque você passou a noite inteira em claro. Talvez seja uma doença crônica, dor ou gravidez. Talvez você esteja passando por uma situação com nível de estresse extremo e isso esteja afetando você do ponto de vista físico. É em tempos assim que disputar corrida com o relógio ou fazer jogos de motivação não ajuda de jeito nenhum. **O que ajuda é simplesmente se permitir ir no seu ritmo, mesmo que seja devagar.** Nada de cronômetros. Nada de agenda. Talvez você não faça tudo. Mas fará mais do que faria se não tivesse feito nada. Deixo aqui uma lista pouco exaustiva de produtos e rotinas que podem ajudar:

- Agarradores para pegar coisas no chão sem ter que se abaixar.

- Cadeiras de escritório ou bancos com rodinhas para você se mover pela casa fazendo as tarefas de cuidado.
- Uma cadeira no box, para tomar banho sem se cansar.
- Kits de limpeza em cada cômodo ou pavimento para reduzir a necessidade de andar.
- Carrinho de suprimentos de três níveis, para empurrar em vez de carregar.
- Uma pá de lixo com cabo comprido.
- Um acessório de limpeza que se acople em uma furadeira.
- Varrer ou usar um ancinho para juntar objetos no chão, permitindo que você possa se sentar para separar tudo.
- Trabalhar apenas durante os intervalos enquanto assiste a um programa.
- Marcar o tempo para não chegar aos limites da exaustão.
- Instalar barras de apoio nos banheiros ou em outras áreas com alto risco de quedas.
- Duplicar ou triplicar as receitas e congelá-las para os dias difíceis.
- Uma playlist de músicas lentas para ajudar você a se mover mais devagar enquanto trabalha.

capítulo 29

contribuir é moralmente neutro

Quando enfrenta dificuldades legítimas para concluir as tarefas de cuidado enquanto vive um relacionamento com outra pessoa, você pode sentir culpa. Até as pessoas que têm companheiros compreensivos passam por isso de tempos em tempos. Vamos explorar o que é moralmente neutro com relação a contribuir para a família.

Acredito que a verificação moral básica aqui não é: "Será que estou colaborando o suficiente?", e sim: "Estou tirando vantagem de outra pessoa?"

Não é preciso contribuir para ser digno de amor, cuidados e pertencimento. Sabemos que isso é verdade porque uma pessoa conectada a um respirador, incapaz de contribuir com qualquer coisa (e utilizando um monte de recursos), ainda tem valor como ser humano. Todos temos períodos na vida em que somos capazes de contribuir mais ou menos do que as pessoas que estão ao redor.

Esse é um conceito difícil de aprender porque existem alguns modos obviamente muito errados de agir quando se trata da divisão do trabalho doméstico. Um cônjuge que chega em casa depois do trabalho e espera relaxar a noite toda enquanto o outro, que também trabalhou o dia inteiro (seja dentro ou fora de casa), faz todo o trabalho doméstico está claramente errado e deveria sentir culpa. Mas a questão moral não é que esse cônjuge não esteja contribuindo o suficiente, mas sim que ele se sente com mais direito de descansar do que o outro e está explorando o trabalho do cônjuge para conseguir isso. Se você acha que tem mais direito a descanso por causa do seu gênero ou do valor no seu contracheque, isso está errado.

É isso que eu tento ensinar às minhas filhas quando falamos sobre as tarefas de cuidado em casa. Em vez de dizer que contribuir é uma obrigação moral, eu valorizo nossas atitudes com relação uns aos outros. Quero que minhas filhas sejam responsáveis, claro. Mas, igualmente importante, quero que elas saibam que não há problema em não "cumprir com sua cota" quando estão gripadas. Quero que minhas filhas cresçam para cuidar dos outros e tratá-los com justiça, sem serem abaladas pela falsa culpa de achar que seu valor depende de quanto possam produzir ou contribuir. Quero isso para todos nós.

Resumindo: A contribuição e a produtividade não são valores morais – mas a não exploração e a humildade, sim. Quando alguém exige os benefícios de fazer parte

de uma família mas recusa as responsabilidades que pode exercer nesse contexto, isso é o mesmo que explorar os outros. E ter capacidade limitada não é o mesmo que ser folgado, assim como aceitar ajuda não é o mesmo que explorar alguém.

capítulo 30

faxina e trauma familiar

"Meu pai costumava chegar tarde, e se a casa não estivesse imaculada ele nos acordava aos berros e nos obrigava a fazer faxina no meio da noite. No dia seguinte eu estava sempre morta de cansaço na escola."

"Minha mãe me trancava no quarto e me mandava limpá-lo. Eu me sentia tão oprimida pela bagunça que simplesmente ficava paralisada, e ela entrava e gritava comigo, dizendo que eu era preguiçosa."

"Se eu não limpasse meu quarto de acordo com os padrões deles, eles entravam e jogavam tudo no chão e diziam para começar de novo."

Esses são apenas alguns exemplos de traumas relativos a tarefas que já ouvi de clientes. Não é incomum que responsáveis abusivos usem tarefas domésticas como castigo e humilhação, como um modo de negar amor e infligir dor. Isso tem um impacto profundo sobre a criança, e a mensagem é carregada até a vida adulta. Em geral isso surte dois efeitos: (1) você evita as tarefas de cuidado porque as enxerga como castigo e agora que é adulto pode finalmente se livrar delas, ou (2) você fica limpando a casa o tempo todo, às vezes até de forma obsessiva, porque internalizou a mensagem de que é uma pessoa suja ou de que está fracassando se algo estiver fora do lugar. Na próxima vez em que ouvir o tirano interno, preste muita atenção nas mensagens que ele passa. É mesmo a sua voz ou é a de um responsável do passado? A terapia pode ser muito útil para tratar esse tipo de trauma e pode ajudar você a redefinir as tarefas de cuidado como cuidado, e não como castigo.

Se você sofreu negligência e abuso na infância e esse abuso aconteceu em um ambiente muito sujo e entulhado, você pode achar que seu dever máximo como pai ou mãe é jamais deixar seus filhos sentirem o que você sentia. É importante lembrar que seus filhos não vivem no mesmo contexto emocional que você com relação à sujeira. Para você, a bagunça significava caos e perigo. Significava falta de segurança, não receber amor nem cuidado. Nenhum pai ou mãe quer que seus filhos se sintam assim, o que pode levar você a exagerar para garantir que jamais haja sujeira ou bagunça – talvez a ponto de sofrer exaustão ou perturbação emocional. Deixe-me oferecer algum consolo: **Seus filhos jamais vão se relacionar com a bagunça como você se relacionava se *você* lhes oferecer segurança e amor.** Brinquedos no chão não significam nada para eles, a não ser um pai ou uma mãe que se importou o suficiente para comprá-los. Pratos na pia representam um pai ou uma mãe que sempre as alimenta. Manchas nas roupas indicam como é legal ter um pai ou uma mãe que as deixa usar material de arte ou brincar na lama.

Pendure na sua casa a seguinte mensagem:

"Este é um lar seguro e eu me sinto em segurança aqui."

Este é um lar seguro e eu me sinto em segurança aqui.

capítulo 31
familiares que criticam

Mesmo enquanto nos tornamos confortáveis dando a nós mesmos gentileza e compaixão em meio a alguma dificuldade, com frequência ainda precisamos lidar com amigos ou familiares que estão em partes diferentes da jornada da neutralidade moral. Como reagir quando alguém critica o estado de nossa casa ou tenta nos "ajudar" dando conselhos que não combinam com nossa visão?

Meu discurso predileto para parentes bem-intencionados é: "Sei que você quer me ver em um ambiente funcional e quero que saiba que eu também quero. Estou na minha própria jornada para descobrir o que funciona para mim, e o que mais preciso é de apoio sem julgamento. Uma coisa que realmente me ajudaria agora é _____."

E então dou uma tarefa tangível que a pessoa possa fazer! "Leve estas sacolas de roupa para a caixa de doações", "Sente-se comigo enquanto faço faxina no meu quarto", "Me ajude ligando para uma faxineira ou marcando uma consulta no médico". Às vezes, nossos entes queridos só precisam ser redirecionados de modo a poderem de fato ajudar. Se eles se recusarem a ajudar mesmo depois das suas diretrizes, tudo bem dizer: "Então a coisa mais útil que você pode fazer por mim é não comentar sobre o meu espaço."

Se você tem na vida uma pessoa particularmente grosseira ou intrometida, pode usar uma das minhas frases favoritas para estabelecer limites, que é: "Obrigada pela preocupação, mas neste momento não estou aceitando opiniões sobre esse assunto." ☺

Ou a minha predileta: "A chave para eu ter começado a administrar uma casa funcional foi parar de falar comigo mesma do modo como você está falando agora."

Atalho: pule para o capítulo 33.

capítulo 32

ritmos em vez de rotinas

a dra. Lesley Cook, psicóloga brilhante que trabalha com TDAH, me disse certa vez: "Esqueça isso de criar uma rotina. Você precisa se concentrar em encontrar o seu ritmo."

Com as rotinas, você está nos trilhos ou não. Com o ritmo você pode falhar um compasso e conseguir voltar ao pique.

Eu costumava fazer as coisas quando parecia que elas precisavam ser feitas: trocando os lençóis quando pareciam sujos, ligando a lava-louça quando ficava cheia, lavando roupa quando ficava sem roupas limpas. Mas o que realmente acontecia era que eu notava que os lençóis estavam sujos e só trocava um mês depois, evitava a pia cheia de pratos porque era uma coisa avassaladora e punha a roupa na máquina e a esquecia lá durante três dias, sendo obrigada a colocar a mesma roupa para lavar de novo. Um problema é que em geral eu me encontrava no meio de alguma coisa quando notava algumas tarefas de cuidado que estavam "prontas" para ser atacadas, o que me dava a opção de dizer "Ah, vou fazer isso mais tarde" e esquecer, ou: "É melhor fazer isso agora para não esquecer" e esquecer pela metade o que eu já estava fazendo. Eu me sentia sendo constantemente puxada em várias direções e nunca tinha uma casa que funcionasse.

Eu estava servindo minha casa, mas minha casa não estava me servindo. Eu precisava mudar isso. Assim, coloquei a casa de acordo com a minha programação. Como mãe e pessoa neurodivergente, aprendi que me saio bem tendo ritmos diários e semanais. Comecei a lavar roupa toda segunda-feira mesmo quando ainda restavam roupas limpas, lavava os lençóis toda quinta-feira mesmo se eles não estivessem "sujos demais" e ligava a lava-louça toda noite mesmo se não estivesse cheia. Claro, eu estava fazendo as coisas com um pouco mais de frequência ou, às vezes, com um pouco menos de frequência do que elas "deveriam" ser feitas, mas e daí? **O melhor jeito de fazer alguma coisa é o modo como ela é feita.**

rituais

Se você é uma pessoa que consegue entrar em um cômodo bagunçado e simplesmente começar a pegar itens aleatórios e guardá-los como algum tipo de feiticeira, fico feliz por você. Não sou assim. Fico andando de um lado para outro durante 20 minutos, me sentindo oprimida, e depois desisto. Ou começo a pegar itens aleatórios e fico segurando-os, ou os coloco em outro lugar que também não é deles, até ser sugada por algum projeto minúsculo que não tem a menor importância, como organizar minha coleção de linhas de bordado.

Então aprendi a trabalhar com o meu cérebro, em vez de agir contra ele. **Bolei rituais para saber com precisão o que eu deveria fazer em um cômodo e exatamente em qual ordem.** Meu Método de Arrumação das Cinco Coisas é um desses rituais. Encerrar as tarefas é outro. Isso permite que eu me concentre com foco total em qualquer lista de itens que eu esteja cumprindo como se fizesse parte de uma equipe de comandos de elite ou fosse um personagem de videogame. Faço todo tipo de jogos idiotas comigo mesma. Às vezes narro, na minha cabeça, que sou uma especialista em limpeza de nível mundial e que todo mundo está me assistindo pela televisão. Isso me permite bloquear todo o resto e me dá um caminho adiante, deixando meu cérebro funcionar no piloto automático. Ao praticamente eliminar a tomada de decisão sobre onde começar ou o que fazer em seguida, posso passar de uma tarefa à outra quase sem intervalo entre elas. O ímpeto que isso cria contorna boa parte dos problemas de funcionamento executivo que eu enfrento.

novos hábitos e sistemas

Quando quiser introduzir alguns hábitos ou sistemas novos em casa para tornar as coisas um pouco mais funcionais, não tente algo radical. Fique o mais próximo possível do que você já está fazendo com um leve aumento na eficiência. Aqui vão alguns exemplos:

Se você costuma jogar as roupas em determinada cadeira o dia inteiro, em vez de dizer: "Chega! De agora em diante tudo vai direto para a área de serviço", experimente colocar um cesto perto da cadeira e passar a colocar a roupa suja nesse cesto. Agora você pode levar todo o cesto para a área de serviço quando tiver um tempo, e até lá a coisa vai parecer um pouco mais controlada.

Se você costuma largar louça suja por toda parte, em vez de dizer: "De agora em diante vou lavar cada prato assim que usá-lo", tente levar os pratos para a pia quando tiver terminado e deixá-los lá. Assim que um sistema se tornar fácil e automático você pode tentar outra pequena alteração para aumentar mais o funcionamento. Por exemplo, em vez de colocar as louças dentro da pia, talvez você possa empilhá-las em categorias na bancada, de modo que a pia continue acessível.

Se um sistema nunca ficar fácil ou automático, isso só significa que ele não é o certo para você ou que você precisa de mais dicas e ferramentas para que o sistema funcione. A questão nunca envolve fracasso ou não ser bom o bastante.

ímpeto em vez de perfeição

Há dois anos jurei que nunca mais faria dieta ou exercícios físicos só para perder peso ou ser mais magra. E, assim, durante dois anos não fiz nenhum exercício físico. Neste último ano enfim senti um desejo genuíno de mexer o corpo, tanto pelo prazer de me movimentar quanto pelos benefícios à saúde. É uma experiência muito diferente. Para começo de conversa, sou realmente ruim nisso. Só consigo fazer exercícios por períodos muito curtos. No passado, quando só me exercitava pelos benefícios estéticos, minha incapacidade de fazer o suficiente para perder peso era avassaladora e me fazia desistir. Agora me pego fazendo cinco minutos aqui e dez minutos ali dos exercícios de menor impacto que consigo. E, em vez de ser um fracasso aos meus olhos porque isso não basta para perder peso, tem sido um sucesso porque sei que cada minuto está dando um benefício funcional ao meu corpo e à minha mente. Além disso, percebi que qualquer coisa que crie ímpeto é uma vitória. O ímpeto de subir na bicicleta ergométrica de vez em quando me mantém sentindo que tenho o ímpeto para subir na bicicleta de vez em quando. Isso está se tornando parte do meu ritmo. Pode não ser um ritmo regular e rápido, é mais como um ritmo de jazz lento, irregular. Mas o ímpeto existe.

Criar ímpeto é fundamental porque motivação gera motivação. Ter o objetivo de conseguir ímpeto é ótimo porque liberta a gente para começar a fazer tarefas que de fato importam. Por exemplo, quando era difícil encontrar a motivação para lavar louça ou roupa, eu sentia que esse deveria ser o primeiro item a atacar. Mas a primeira coisa que fiz foi começar a colocar pantufas perto da cama à noite. Percebi que, sempre que acordava de manhã e meus pés estavam frios enquanto andava até o banheiro, não apenas era uma experiência superdesagradável, como também algo que eu poderia resolver com bastante facilidade. É grande coisa? Não. É idiota começar com algo tão superficial quando eu poderia simplesmente respirar fundo e fazer o que "de fato" importa? Creio que não. Quando comecei a colocar as pantufas ao lado da cama à noite, isso tornou aqueles poucos minutos da manhã tão agradáveis que senti uma motivação orgânica para fazer isso de novo na noite seguinte. Você pode pensar que aquecer o pé durante alguns minutos de manhã deveria ser uma prioridade muito menor do que encontrar um modo de lavar a louça e a roupa, mas motivação gera motivação. Estamos aprendendo a flexionar os músculos da motivação, do ritmo e do ritual.* **Treinar uma tarefa de cuidado que você experimente de forma direta como um cuidado real, como colocar um par de pantufas ao lado da cama à noite, pode ajudar você a conseguir a motivação para fazer as outras coisas também.** Não estou sugerindo que você tente colocar pantufas perto da

---

* "Flexionar os músculos da motivação" é outro modo de dizer que vamos praticar essa habilidade até que ela pareça mais fácil para nós.

sua cama – o que você escolher praticar terá a ver com o que é importante para você. Também não estou dizendo que tenha que ser um hábito para toda a vida – apenas um hábito para você praticar um pouco. O que você poderia fazer por si mesmo hoje e que seria realmente agradável para você amanhã?

capítulo 33

desenvolvendo habilidades gentis: manutenção de um espaço

Um plano simples para manter um espaço habitável é melhor do que um plano opressivo para manter um espaço perfeito. Um dos modos mais fáceis de fazer isso é olhar para um espaço que você gostaria de manter habitável em casa. Talvez seja o quarto ou a cozinha. Se você é mãe, pode escolher o quarto de um filho ou um quarto de brinquedos. Pense em quatro a seis tarefas que, se forem executadas todas as semanas, tornarão esse espaço muito habitável. Por exemplo, digamos que eu olhe para o meu quarto e decida que: (1) se os copos e pratos forem retirados, (2) se os lençóis forem trocados, (3) se a roupa suja for colocada na máquina de lavar e a máquina for ligada e (4) se o lixo for levado para fora, o espaço ficará muito habitável. Você pode repetir isso cerca de duas vezes por semana. Depois, decidir qual parte do seu dia já é mesmo cheia de afazeres e acrescentar mais um à rotina. Talvez na maior parte das manhãs você se prepare para o trabalho ou sempre ao meio-dia ponha as crianças para tirar um cochilo. Pendure a lista no quarto, para que assim você possa vê-la e realizar a tarefa. Quando fiz isso com o quarto da minha filha, decidi que, se as fraldas e o lixo fossem tirados do quarto e os lençóis do berço fossem trocados, mesmo se o dia inteiro fosse uma bosta eu ainda poderia me sentir bem por ter cuidado do espaço dela. Esse foi um primeiro passo poderoso para mim.

programações de faxina

O exemplo anterior é um ótimo ponto de partida para a manutenção quando você se sente sobrecarregado. Algumas pessoas gostam da ideia de uma programação de faxina abarcando toda a semana e têm o estilo de vida que permite esse tipo de estrutura. Isso não é fundamental nem superior à faxina que só é feita quando necessário ou quando você tem um tempo grande para fazer várias coisas, mas ainda assim algumas pessoas podem preferir esse método. Como mãe que fica em casa, brinquei com a ideia de uma programação de faxina: tentar fazer uma tarefa a cada dia de modo que as coisas não ficassem insuportáveis. Usei uma tabela para o andar de cima e outra para o de baixo. Quando comecei a trabalhar de novo, parecia que as tarefas do dia nunca mais seriam feitas, por isso mudei para uma lista ligeiramente mais longa que eu faria nas tardes de sábado. Independentemente de como (ou se) você programa sua faxina, sugiro anotar as seguintes três "regras" onde você possa vê-las:

1. **Esta lista está aqui para servir a mim; eu não sirvo esta lista.** Esta programação está aqui para tornar minha vida mais fácil, e não para dificultá-la. A programação não é para me dizer o que eu devo fazer nem para me lembrar do que não fiz. Ela serve para tirar de mim, a cada dia, o fardo da decisão. Não preciso sentir que sou obrigada a limpar tudo e não preciso perder tempo analisando qual tarefa deve ser priorizada. Vou fazer uma coisa hoje e depois me concentrar em outras coisas, sabendo que em algum momento vou fazer o restante.

2. **Pular dias é moralmente neutro.** Posso pular alguns dias ou decidir fazer alguma coisa diferente quando quiser ou precisar. Confissão: jamais tirei o pó dos móveis no dia programado.

3. **Não preciso completar a tarefa inteira.** Tenho mais de um banheiro em casa. Nunca limpo todos no mesmo dia. Eu escolho aquele que está precisando mais de limpeza, o mais conveniente ou mesmo o que limpei na semana passada, porque não quero passar muito tempo fazendo isso. Em algum momento vou limpar todos, e, mesmo se eles ficarem sujos durante algum tempo, se eu sempre fizer alguma coisa eles vão ficar melhor do que estavam. Na maioria dos dias em que está escrito "limpar a cozinha", simplesmente escolho algumas coisas para limpar. Talvez eu apenas passe pano nas bancadas e limpe o micro-ondas em uma

semana; na outra vou cuidar do fogão. Essa abordagem significa que sempre me sinto bem por estar cuidando do meu espaço e evito a ansiedade que faz com que eu me sinta sempre a serviço da lista.

tarefas mensais

Para a manutenção da casa de modo mais amplo, escolha 6 a 12 tarefas (talvez você queira que algumas sejam feitas duas vezes por ano). Vou dar algumas sugestões. Designe um mês para cada tarefa. Lembre-se: ainda que haja muitas sugestões por aí sobre a frequência com que se deve fazer essas coisas, não existe um jeito certo que seja universal. O modo certo para você é qualquer coisa que mantenha o espaço funcional sem gerar uma sobrecarga danosa. Você pode sentir vontade de acrescentar várias coisas a cada mês. Se já tem o hábito de fazer várias coisas a cada mês, tudo bem. Mas, se só está começando, talvez seja melhor manter apenas uma e ver como ela acontece. Alguns itens dessa lista podem simplesmente não importar para você, e tudo bem. Alguns podem parecer um pouco exagerados, e não há problema em ignorá-los. É melhor ter um plano simples de manutenção da casa que você se sinta capaz de realizar do que um que seja perfeito mas que vai acabar não sendo realizado ou que acrescente estresse à sua vida. Não esqueça que sempre se pode pedir ou pagar por ajuda com esses itens. Ter um plano permite que você preveja e se prepare.

- Trocar o filtro do ar-condicionado
- Limpar os armários da cozinha por dentro
- Limpar a garagem
- Dar uma geral no armário e doar roupas velhas
- Separar e doar brinquedos
- Limpar o interior da geladeira
- Limpar a lixeira
- Limpar os ralos

o que fazer quando você não consegue executar todas as tarefas da lista

Quando comecei uma pequena programação de faxina, notei que havia um item que eu continuava a fazer sem consistência ou que deixava totalmente por fazer. Então me sentia mal por não ter executado todas as tarefas da lista semanal. Assim, bolei um truque para garantir que eu fizesse tudo.

Tirei aquele item. Agora consigo fazer tudo.

Você vai dizer: "Mas KC! Agora o item que você tirou não está sendo feito." Bom, ele também não era feito quando estava na lista, só que agora não me sinto culpada por causa disso. A tarefa voltou a ser feita de modo aleatório quando penso nela, e ainda tenho uma lista de tarefas que funciona. Partir para as coisas que nos sentimos naturalmente motivados a fazer cria ímpeto. O ímpeto de girar o ciclo de cuidados todos os dias é como o motor de um carro. Ele cria a própria força.* Se você mantiver o ímpeto, terá mais probabilidade de um dia fazer a tarefa aleatória que tirou da lista.

(PS: O item removido era tirar pó dos móveis.)

o dia de repor os estoques

Sabe uma coisa que odeio? Levar os panos de prato da área de serviço para a cozinha. Odeio ter que trocar o papel higiênico. Odeio ter que reabastecer o porta-fraldas no andar de cima. Sinto uma aversão real por qualquer uma dessas tarefas pequenas e tediosas. Mas também odeio não ter panos de prato quando preciso deles, ou papel higiênico, ou fraldas. Sei que minha vida é muito mais funcional quando essas pequenas tarefas são realizadas, mas simplesmente odeio executá-las. Elas nunca estão no fluxo. Em geral, eu as noto quando estou fazendo outra coisa. **Quando percebi que o que eu odiava eram as pequenas interrupções, compilei o maior número dessas pequenas tarefas de reposição de estoque em uma única tarefa grande: O Dia de Repor os Estoques.** E como tinha desistido, muito tempo antes, de tentar tirar o pó dos móveis todas as terças, havia um espaço vago. Isso colocou a reposição de estoques no fluxo. Ponho uma música para tocar, pego minha lista e realizo a tarefa de um modo que pareça produtivo.

---

* Em outras palavras, motivação cria mais motivação.

não acontece tudo ao mesmo tempo

Demorei mais de um ano para estabelecer alguns sistemas básicos que ajudaram minha casa a funcionar. E ainda há o que fazer. Às vezes a gente pensa: "Quando eu tiver terminado e tudo estiver em ordem, vou poder respirar", mas a realidade é que não existe linha de chegada. E isso é bom. Não é preciso fazer melhor para começar a se sentir melhor. Você pode iniciar uma jornada de criação de sistemas que funcionem para o seu caso sendo ao mesmo tempo gentil consigo mesmo. Todos merecem gentileza, não importa quantos sistemas funcionais tenham encontrado. Mesmo que essa gentileza não venha de mais ninguém. E você pode levar uma vida alegre e ser apenas bom o bastante nas tarefas de cuidado, mesmo que as coisas ainda não estejam totalmente funcionais. É um processo, um processo pelo qual ainda estou passando. A chave é aceitar a ideia de que não existe linha de chegada indicando valor. Você tem valor agora. À frente só existe cada vez mais funcionamento. E vai ser maravilhoso.

capítulo 34

meu ritual predileto: encerrar tarefas

Lembra quando você fez o exercício de ser gentil consigo mesmo? Bom, agora vou falar mais sobre ser gentil com o seu eu do futuro. Qualquer pessoa que tenha trabalhado no ramo de serviços é familiarizada com o início e o encerramento de tarefas. Além de servir os clientes, garçons e barmen têm "tarefas secundárias" que ajudam a manter o restaurante aberto e estabelecer o sucesso do próximo turno. O pessoal encarregado da abertura corta limões, arruma as mesas, limpa as taças de vinho e começa a fazer o café. No final do turno, eles limpam as mesas, enchem os saleiros e pimenteiros e recolhem os talheres. O pessoal encarregado do encerramento guarda os pratos, limpa os reservados e desinfeta a máquina de refrigerante. As tarefas secundárias não são o "trabalho principal" do pessoal de serviço, mas precisam ser feitas para que eles possam realizar o trabalho principal de atender às mesas.

Já falei que, quando você tem a oportunidade de realizar uma tarefa mas sente dificuldade com a motivação para iniciá-la, pode ser útil pensar que você está fazendo aquilo como uma gentileza para o seu "eu do futuro".

De que coisas o seu eu do futuro precisa para funcionar amanhã? Em um bom dia, gosto de encher e esvaziar a lava-louça, catar alguns brinquedos, preparar o lanche matinal das crianças, jogar fora qualquer lixo espalhado, tomar meus remédios e fazer café gelado para a manhã. **Essas pequenas tarefas demoram apenas meia hora, mas sei que vão fazer com que a KC do futuro funcione com mais facilidade no dia seguinte.**

O poder das tarefas de encerramento é o poder da permissão. A permissão de cuidar do seu eu do futuro sem ter que tornar as coisas perfeitas ou no padrão das outras pessoas. Mas as tarefas de encerramento só são poderosas se você também tiver permissão para não fazê-las. O importante é que, apesar de serem um modo de cuidar do seu eu de amanhã, às vezes não fazê-las é um modo de cuidar do seu eu de agora. Por isso tenho uma lista para o dia de sobrevivência. Às vezes estou doente ou estressada. Em outras ocasiões posso ter tido um dia perfeitamente ótimo e, de repente, às 16h, sinto que bati de cara em um muro de tijolos. Quando isso acontece, a prioridade é pôr minhas filhas na cama com gentileza. Para esses dias, temos tarefas de encerramento com foco na sobrevivência. Qual é o mínimo do mínimo que eu preciso fazer para funcionar amanhã? Mamadeiras limpas, jogar os restos de comida fora para não estragarem e tomar os remédios. Assim, abro a lava-louça cheia de louça limpa, tiro três tigelas e as substituo pelas mamadeiras sujas, e ponho para funcionar de novo. Jogo as embalagens de comida fora para evitar insetos e tomo os remédios. Isso demora cinco minutos, e a motivação é a gentileza, gentileza com a KC de agora e de amanhã. Depois me sento para ver TV e fico com meu marido. É uma situação em que todas ganham: a eu de agora consegue descansar e a eu do futuro consegue funcionar.

O momento: faço minhas tarefas de encerramento logo depois do jantar das minhas filhas. Coloco a mais nova para dormir porque posso deixá-la no berço e sair imediatamente e, enquanto Michael coloca nossa filha mais velha para dormir (o mais longo e mais trabalhoso dos dois serviços de pôr na cama), eu desço e parto direto para as tarefas de encerramento. Se eu me sentar e relaxar primeiro, fica muito difícil me levantar de novo. A chave pode ser juntar as atividades de encerramento com qualquer outra que você já esteja fazendo. Em um dia típico, termino mais ou menos quando Michael acaba de pôr a mais velha para dormir e encerro oficialmente o expediente.

não se esqueça: o ímpeto é fundamental

Eis o que fazer quando você se pega não realizando as tarefas da sua lista de encerramento: (1) Faça uma lista mais curta. Mesmo que inclua apenas um item. (2) Mude o que está na lista. Se sua lista tem coisas que você "deveria" fazer mas com as quais realmente não se importa, é claro que não vai sentir motivação. Coloque algo com que você realmente se importe. Talvez você *deva* lavar a louça todas as noites para não atrair insetos. Mas talvez você de fato se importe em ter o café pronto para ser coado de manhã cedo. (3) Mude o momento de fazer suas tarefas de encerramento. Talvez a dinâmica funcione melhor se você as fizer no instante em que entra em casa ao voltar do trabalho. Nem tire os sapatos; parta direto para a tarefa. Talvez executá-las como tarefas de abertura funcione melhor para você, porque nessa hora você está com mais energia e motivação. Não se trata de fazer o que você deveria; trata-se de ser gentil consigo mesmo. E será possível aumentar e mudar a lista quando você tiver ganhado ímpeto.

capítulo 35

déficit de capacidade *versus* déficit de apoio

Pare de se censurar por ter déficit de capacidade quando o que você tem na verdade é déficit de apoio. **O autocuidado nunca pretendeu ser um substituto para o cuidado comunitário.*** Lutar para "ser melhor" vai exaurir a pouca energia que você tem, e é provável que o tempo seja mais bem gasto se você se permitir chorar, dormir e encontrar pequenos bolsões de alegria para continuar vivendo. Um déficit de apoio nem sempre é culpa de alguém. Simplesmente há alguns períodos na vida em que precisamos nos arrastar.

Muitas vezes olho para trás, vejo os períodos pelos quais atravessei me arrastando e digo a mim mesma, com ternura: "Uau, eu realmente estava fazendo o melhor que podia com o que eu tinha naquela época." E o curioso é que, quando a

---

* Dê uma olhada na história da expressão "autocuidado". Comece pesquisando sobre Audre Lorde no Google. A coisa nem sempre teve a ver com ioga e passatempos.

gente está fazendo o melhor que pode, nunca *parece* que é o melhor que a gente pode fazer. Quando me vejo aos 16 anos na clínica de reabilitação, chorando sozinha e me sentindo inútil, o tempo todo ouvindo que eu não estava fazendo progresso suficiente, agora vejo que estava fazendo o melhor que podia. Às vezes desejo que alguém na época pudesse ter visto isso e me dito. Mas tudo bem. Agora eu mesma digo, o tempo todo.

capítulo 36

terceirizar tarefas de cuidado é moralmente neutro

Se você pode pagar por uma faxineira, nem que seja só uma vez por mês, e não faz isso, deve se perguntar por quê. Você acha que não merece uma? Por quê? O serviço de faxina não está vinculado a algo moral, portanto não é algo que deva ser merecido. Se você está em um período da vida em que existem mais tarefas de cuidado a ser realizadas do que o tempo ou a energia disponíveis, e se você tem os meios para pagar, essa é a atitude mais funcional a tomar. Você fica sem graça com isso? "Eu jamais deixaria uma faxineira ver o estado da minha casa" é algo quase tão lógico quanto "Eu jamais deixaria um médico saber do meu estado de saúde". E daí se a faxineira julgar você? Você não é responsável pela saúde mental dela, só pela sua.

Nos primeiros meses de vida da minha filha mais nova, eu estava completamente soterrada com a quarentena e a depressão pós-parto. Quando ela fez 8 meses tomei a decisão de buscar ajuda. Contratei uma estudante para fazer faxina durante algumas horas por semana, pagando por hora, por uns dois meses. Fui franca e expliquei que em algum momento ela poderia chegar e encontrar um completo desastre. Avisei que o que eu precisava que fosse feito poderia mudar de uma semana para a outra. Disse que em algumas semanas ela poderia nem terminar o serviço, mas que uma leve melhora na bagunça faria uma diferença enorme. Quando ela chegava, eu pedia que dobrasse a montanha de roupas lavadas que havia se empilhado no chão durante a semana (isso foi antes do meu sistema de não dobrar), depois limpasse o andar de cima ou o de baixo, dependendo do que eu achasse que precisava ou queria naquela semana. Foi a melhor experiência que já tive com um "serviço de faxina". No passado, quando eu contratava um serviço do tipo, ficava estressada por ter que fazer uma limpeza prévia e pegar as coisas antes que a pessoa chegasse. Saber que não precisava fazer isso acabou com grande parte do estresse. Como eu sabia que ela estaria ali por um tempo determinado, a cada semana eu me pegava separando um tempo só para catar as coisas e fazer uma pequena limpeza, para que pudesse obter o máximo com o serviço dela. Curiosamente, a súbita mudança de obrigação para opção me deixou motivada.

Se você não pode pagar por uma ajuda nas tarefas de cuidado, pense em pedir a familiares ou amigos. Às vezes pode ser útil apenas o fato de ter alguém para fazer companhia enquanto você realiza as tarefas. Se você tem alguém próximo com dificuldade para realizar determinadas tarefas de cuidado, pode formar uma pequena cooperativa na qual vocês vão para a sua casa em uma semana para fazer faxina ou lavar roupa, e na semana seguinte cuidam da casa dessa outra pessoa.

Às vezes viemos de uma cultura familiar que diz que apenas as pessoas esnobes contratam serviço para esse tipo de coisa. A verdade é que pagar alguém para limpar a casa não é mais esnobe do que pagar alguém para trocar o óleo do carro. Se isso vai fazer você funcionar com mais facilidade e se você tem condições financeiras, esse é o único critério. **Serviço de faxina, entrega de refeições ou mantimentos, lavanderia profissional... Desde que você trate as pessoas com respeito e pague o que elas merecem, tudo isso é moralmente neutro.**

Lembre-se de que sentir vergonha de pagar por ajuda costuma estar diretamente relacionado à ideia de que as tarefas de cuidado são obrigações morais que determinam seu valor como ser humano. O serviço doméstico pago não é uma receita de remédio. Você não precisa atender a um critério de diagnóstico para merecer contratar alguém que ajude nas tarefas domésticas, assim como não precisa atender a um critério para não ter que fazer sua própria manteiga ou tricotar seus suéteres.

Atalho: leia os capítulos sobre malhação, peso e comida ou pule para o capítulo 41.

capítulo 37

malhação é um saco

Culpo em primeiro lugar as aulas de educação física. De verdade. Crianças novas demais, que adoram brincadeiras ativas, são obrigadas a ficar dando voltas ao redor da quadra. Certo, talvez não seja assim em todas as escolas, mas sem dúvida é como lembro de ter sido a primeira vez que vi alguém separar as atividades físicas da diversão e criar o demônio que são os exercícios físicos. Depois veio a cultura das dietas dizendo que o motivo para fazermos exercícios é principalmente manter nosso corpo magro e atraente. Essas coisas estragaram nossa relação com a movimentação alegre do corpo. Se você só se dedica a uma atividade por causa de vergonha do corpo, se experimenta a atividade como um conjunto de experiências sensoriais desagradáveis (dor, tédio e suor são as minhas três coisas *menos* favoritas no mundo) e termina sem alcançar resultados imediatos, *por que você gostaria dessa atividade ou desejaria fazê-la de novo?*

Assim, eu reforço o que falei anteriormente. A malhação, como existe hoje na vida da maior parte das pessoas, é um saco. Como a maioria das tarefas de cuidado, quando funciona apenas para atender a padrões externos do que devemos fazer, na verdade nos afasta ainda mais do real cuidado pessoal.

Quando olho para o passado e me pergunto "Que lembranças agradáveis eu tenho com relação ao movimento do corpo?", fico com lágrimas nos olhos. Eu me lembro de quando era líder de torcida no oitavo ano e me sentia feliz demais quando eu me movia no ritmo e em sincronia com o restante da equipe. E, quando tiramos o segundo lugar em um campeonato, eu me lembro de saltar mais alto do que qualquer ser humano já deve ter saltado. Lembro como me sentia forte jogando uma garota para o alto.

Eu me lembro dos jogos de futebol quando era nova e do barato completo que sentia quando meu pé se conectava poderosamente com a bola.

E também de ter dançado, completamente doida, em um festival em homenagem a Bob Marley, descalça e sem me preocupar com meu corpo se movendo feito uma água-viva, desligada do ritmo e de como deveria estar dançando.

Eu me lembro, depois de 10 anos sóbria, de quando o DJ no meu casamento dedicou "Rehab", da Amy Winehouse, a todos nós que tínhamos passado pelo inferno e sobrevivido. Um bando de idiotas sóbrios ficou enlouquecido na pista de dança. Me lembro de Josh rasgando as calças. E me lembro do meu marido me olhando como se não existisse nenhuma outra mulher no mundo. E também me lembro de ter sido carregada pela porta do quarto do hotel naquela noite, não por tradição, mas porque eu estava com as solas dos meus pés em carne viva de tanto dançar.

Quando foi que o movimento perdeu o prazer? Quando foi que minha vida adulta parou de incluir atividades que tornam o movimento uma coisa alegre? Será que posso ter isso de volta? E você? Será que podemos tentar juntos?

capítulo 38

o seu peso é moralmente neutro

alimentar o corpo é uma tarefa de cuidado. Descansar o corpo é uma tarefa de cuidado. Tomar remédios para controlar a saúde é uma tarefa de cuidado. Mover o corpo é uma tarefa de cuidado. Fisioterapia e outras atividades de cura são tarefas de cuidado. É maravilhoso investigar quais alimentos e nutrientes ajudam o corpo a funcionar e a se sentir melhor. Mas ficar ou permanecer magro não é uma tarefa de cuidado.

Existem inúmeras maneiras de manter o corpo mais magro que não produzem um corpo mais saudável. Não sou médica nem nutricionista, mas ouvi uma quantidade enorme de profissionais que têm uma abordagem de "Saúde com Qualquer Tamanho". Esses profissionais podem ajudar a introduzir na sua vida hábitos saudáveis que farão você se sentir melhor e funcionar melhor sem se concentrar em diminuir o tamanho do seu corpo. Quando começamos a tratar do corpo com esses tipos de tarefas de cuidado, às vezes perdemos peso, às vezes ganhamos peso e às vezes o peso não muda. O peso é moralmente neutro. O peso que você tem depois de adotar hábitos saudáveis na vida é o peso que você deve ter.

    Há pouco tempo uma pessoa comentou em um vídeo meu: "Você ficaria melhor se perdesse peso." Meu primeiro pensamento foi "Ficaria melhor para quem?", porque eu não me sinto na obrigação de ser atraente para criatura aleatória nenhuma na internet. Mas o comentário ficou na minha cabeça durante dias, não porque me magoou, mas porque fiquei surpresa ao ver que não magoou.

    Certa noite eu estava deitada na cama, aconchegando minha filha de 1 ano e meio. Ela estava dormindo nos meus braços com o rosto angelical na dobra do meu cotovelo. Estávamos deitadas perto do meu marido, um homem que eu amo profundamente e que me ama. Em um pequeno estrado no chão estava minha filha de 3 anos, uma encapetada que ilumina meu mundo. Percebi que eu só queria ser magra porque queria ser amada e feliz. Mas já tinha isso. Desde então, ser magra não me pareceu muito importante.

capítulo 39

a comida é moralmente neutra

Você merece comer.
   Nada que você comeu ontem, que disse hoje ou que deixou para fazer amanhã pode retirar seu direito de se alimentar. A incapacidade de criar hoje uma refeição nutricionalmente perfeita não significa que seu corpo ficará bem se não receber alimento. Todas as calorias são boas quando você está passando por dificuldades. Não existem alimentos bons ou ruins. Não existem comidas certas ou erradas. E vou dizer: não existem alimentos que sejam absolutamente saudáveis ou não saudáveis. Saúde é uma condição integral que exige mais do que simplesmente saber a quantidade e o tipo de nutrientes que você está ingerindo. Ser gentil consigo mesmo tomando um sorvete é mais saudável do que se

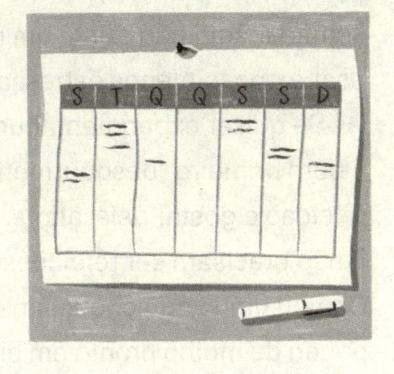

odiar comendo uma salada. Ansiedade e perfeccionismo não são bons para a saúde. No fim das contas, seu relacionamento com a comida é um fator tão importante para a saúde quanto abastecer seu corpo de um modo que faça você se sentir bem.

O planejamento de refeições não é exclusividade das pessoas que têm tudo sob controle. O planejamento de refeições existe para que sejam mais fáceis os processos de comer e fazer compras de supermercado. Essa é a função dele. Na maior parte da minha vida, o planejamento das refeições causou mais estresse do que não saber o que comer. Por isso eu não fazia.

Assim que me vi em uma família de quatro pessoas, isso mudou, e ficou mais estressante me ver sem saber o que fazer diante da geladeira. Por isso, comecei a tentar planejar antecipadamente o que teríamos para o jantar em cada semana. Aqui não existe um modo certo. É simplesmente usar a opção menos estressante. Você decide.

Se quiser experimentar um planejamento de refeições, é bom primeiro "desgourmetizar" a ideia. Se comer uma refeição e gostar dela, anote. Comece a fazer uma lista. E não precisam ser refeições complicadas ou coesas. Comeu um sanduíche realmente bom? Anote. Colocou um pouco de molho pronto em cima de um bocado de *tortellini* e ficou ótimo? Vai para a lista. Em algum momento você terá uma lista de refeições das quais gosta. Antes de ir ao supermercado, escolha algumas para a semana. *Voilà!* Suas refeições estão planejadas.

Caso se alimentar seja muito difícil, volte a atenção para

as "comidas de criança". A comida para crianças pequenas é projetada para disparar a quantidade máxima de nutrientes para alguém que tem um paladar limitado e um tempo de atenção mais limitado ainda. Potinhos de iogurte, pão de queijo, macarrão com queijo de micro-ondas... Jogue dentro um comprimido de multivitaminas e você viverá para ver outro dia.

capítulo 40

voltando ao ritmo

à medida que minha jornada para domar a casa começava a tornar as tarefas de cuidado mais fáceis, ainda havia dias em que eu simplesmente... não conseguia. Depois de um período um tanto longo sem ir para a creche, uma das minhas filhas ficou doente e eu acordei me sentindo sem nenhuma energia e incapaz de me motivar. Ficamos de pijama, assistimos a *Trolls* cinco vezes e eu pus todo mundo na cama (inclusive eu) às sete da noite.

Acordei na manhã seguinte descansada e pronta para ter um dia mais organizado. Boa parte disso resultou da forma como escolhi abordar o dia anterior. Se eu considerasse que um dia diante da TV é um fracasso, teria sido muito mais difícil "voltar à rotina". Mas eu não considero. Um dia de *Trolls* e pijamas foi um dia em que ficamos sendo amáveis com nós mesmas, nos permitindo pegar leve e descansar – um dia de gentileza. Perceber isso como gentileza e não como fracasso foi a chave para poder acordar e optar por fazer as coisas no dia seguinte.

capítulo 41

você merece um domingo lindo

recentemente recebi o seguinte comentário de uma seguidora: "Obrigada! Estou passando o dia ao ar livre, desfrutando do nosso clima maravilhoso e tomando um café em vez de fazer as usuais oito horas de limpeza de domingo. É muito desnecessário. Em vez disso, vou fazer uma limpeza de duas horas quando chegar em casa." Isso me deu vontade de fazer uma dancinha feliz! Ela entendeu direitinho. Sim, se queremos curtir um domingo lindo, vamos precisar de roupas para usar. Esse é o benefício de ter alguma roupa lavada. O corpo precisará ser capaz de ter a força e a energia para nos carregar durante nossas atividades no domingo lindo, e esse é o benefício de alimentá-lo. Talvez você queira usar seu chapéu novo ou ler um livro no parque, e esse é o benefício de um espaço que lhe permita achar os objetos de que você precisa. Todas essas coisas são funcionais, e não morais. Você não precisa completar oito horas de tarefas de cuidado para merecer um dia no parque. Pode curtir o seu dia e depois gastar duas horas colocando as coisas em uma ordem funcional para desfrutar também da semana seguinte. **Esse é o resultado transformador de internalizar que você não existe para servir o seu espaço. O seu espaço existe para servir você.**

As tarefas de cuidado existem apenas por um motivo: tornar seu corpo e seu espaço funcionais o suficiente para você experimentar com facilidade as alegrias que este mundo tem para oferecer.

agradecimentos

deixo um agradecimento imenso a todos que tornaram este livro possível. A Kimberly Witherspoon, Jessica Mileo e todas as outras pessoas na InkWell Management que acreditaram em mim; a Leah Trouwborst e à equipe da Simon & Schuster, que apoiaram minha visão desde o início; e a todos os amigos e familiares que me deixaram experimentar ideias com eles e leram trechos iniciais do livro, especialmente meu doce marido, Michael, que revisou a edição independente de *Como arrumar a casa quando a vida está caótica* em seu tempo livre mesmo tendo acabado de começar a trabalhar como advogado. A Rachel Moulton, que cedeu gratuitamente seu tempo e seu conhecimento como escritora quando eu não sabia nada sobre esse ramo de atividade; à minha sogra, Debbie Phipps, por nos manter unidos; e à minha mãe, por ser uma das primeiras pessoas a me dizer que eu realmente tinha alguma coisa que valia a pena ser explorada quando comecei minha plataforma.

Tenho uma dívida de gratidão especial com Imani Barbarin, por ter lido o manuscrito com um olhar focado na inclusão, algo que meus privilégios tendem a me fazer ignorar; com a dra. Raquel Martin, por sua colaboração para meu entendimento dos cuidados com os cabelos de textura afro; e com Robin Roscigno, por suas ideias sobre o melhor modo de criar um livro que as comunidades neurodivergentes pudessem ler com facilidade. Suas colaborações e suas ideias tornaram este livro inclusivo para além de minhas próprias comunidades e meus privilégios.

Gostaria de agradecer à dra. Brené Brown e à dra. Kristin Neff como influências profundas, já que suas pesquisas sobre vergonha e autocompaixão, respectivamente, foram fundamentais para mim. Também gostaria de agradecer a Caroline Dooner, cujo livro *F*da-se a dieta* me apresentou aos princípios do comer intuitivo e da neutralidade do corpo, um conceito que me levou a questionar que outros aspectos da minha vida não eram bons nem ruins, e à dra. Lesley Cook, que tem colaborado muito para a minha compreensão do funcionamento executivo e do melhor modo de ajudar às pessoas que têm dificuldade com isso.

Também devo agradecer a cada mulher negra envolvida no movimento pró-cabelo natural, que trouxe os cabelos crespos à minha atenção e me mostrou a utilidade das toucas e fronhas de seda.

Por fim, obrigada ao meu mentor de terapia, que me ensinou tudo que sei, e a Chico e Heidi, que agora vão discutir para sempre a quem estou me referindo aqui.

apêndice 1

Meus exemplos para descobrir a função das minhas tarefas de cuidado:

pisos
1. Saúde e segurança: preciso retirar coisas que possam causar tropeços e impedir que insetos, mofo e bactérias se espalhem e proliferem.
2. Conforto: quero que as crianças tenham espaço para brincar e não gosto de pedacinhos de sujeira grudando nos meus pés quando estou descalça.
3. Felicidade: gosto da aparência dos cômodos quando os pisos estão limpos e com pano passado. Dá uma sensação de paz.

roupas
1. Saúde e segurança: preciso de roupas limpas para usar.
2. Conforto: quero que minhas roupas pareçam legais e preciso encontrar facilmente o que estou procurando.

3. Felicidade: gosto de ter um armário esteticamente agradável.

arrumação
1. Saúde e segurança: preciso retirar coisas que possam causar tropeços.
2. Conforto: quero poder achar as coisas de que preciso, ter espaço para guardar itens relacionados aos meus passatempos e que minhas filhas possam se concentrar melhor quando brincam.
3. Felicidade: gosto de fazer decorações para os dias festivos na sala principal, e ela parece melhor para mim quando as coisas estão arrumadas. Gosto de criar um ambiente acolhedor para os convidados.

banheiro
1. Saúde e segurança: preciso impedir que mofo e bactérias proliferem ou se espalhem.
2. Conforto: quero ser capaz de encontrar minhas coisas, me enxergar com clareza no espelho e que o ambiente permaneça perfumado.
3. Felicidade: gosto de ter um lugar calmo para tomar um banho e gosto de ter um lugar limpo onde me maquiar.

louça
1. Saúde e segurança: preciso ter louça limpa para comer e cozinhar.
2. Conforto: quero ter uma pia limpa para poder dar banho no bebê e livre para ter mais espaço de bancada disponível.
3. Felicidade: não tenho uma camada de felicidade para a louça.

banho
1. Saúde e segurança: preciso tirar do corpo a sujeira e as células de pele morta.
2. Conforto: quero ter os cabelos limpos para que fiquem com bom caimento e sem oleosidade. Quero ficar perfumada e me sentir confiante em público.
3. Felicidade: gosto de poder relaxar, me concentrar em mim mesma e ler um livro na banheira.

poeira
1. Saúde e segurança: preciso prevenir crises alérgicas e ajudar a controlar minha asma.
2. Conforto: quero ser capaz de arrumar as coisas sem que fiquem empoeiradas e remover os pelos de cachorro para que não grudem nas minhas roupas.
3. Felicidade: gosto de sentir que criei um espaço caloroso e receptivo para convidados.

cozinha
1. Saúde e segurança: preciso impedir que insetos, bactérias e mofo se espalhem ou proliferem.
2. Conforto: quero ter espaço suficiente para cozinhar e fazer meus passatempos na ilha da cozinha. É fácil nos sentarmos para o jantar em família quando a mesa está livre.
3. Felicidade: gosto da aparência da minha cozinha quando as bancadas estão livres.

apêndice 2

O segredo para descobrir um sistema que funcione para você é (1) entender a função da tarefa de cuidado, (2) perceber que não existe um modo "certo", apenas o modo certo para a sua família, e (3) criar um sistema para os seus hábitos (e não hábitos para o seu sistema). Por esses motivos, a única pessoa que pode dizer qual sistema é certo para você é você mesmo. Abaixo vou compartilhar algumas ideias e perguntas para fazer você pensar. Lembre-se: leva tempo até descobrir o que funciona!

roupas
- **Armário da família:** Muitas famílias com filhos pequenos optam por colocar as roupas de todo mundo no mesmo armário (ou quarto). Isso torna mais fácil vestir todo mundo de manhã, torna mais fácil guardar a roupa lavada (já que vai tudo para um único lugar) e em geral centraliza o lugar para onde a roupa suja vai. É ainda melhor se você puder colocar esse local perto da máquina de lavar.
- **Cestos para roupas sem dobrar:** Quantas das suas roupas precisam mesmo ser dobradas? Certamente não as roupas

íntimas, os pijamas e os shorts esportivos. Quanto estresse e tempo você pouparia se colocasse as roupas em um cesto sem dobrar? Se você lava roupas de outras pessoas, será que pode separar tudo em cestos personalizados e deixar que elas se virem sozinhas para dobrá-las?

- **Pendurar tudo:** Algumas pessoas acham que pendurar tudo é um sistema mais administrável. Pendurar torna mais fácil visualizar todas as peças e pode demorar menos do que dobrar. Não tem espaço no armário para pendurar tudo? Pendure em outro local, como uma arara no quarto.
- **Lavar por categorias:** Se você lavasse as roupas de acordo com as pessoas ou o tipo de roupas, não precisaria perder tempo separando-as. Tirar esse tempo ou esse problema da tarefa pode fazer toda a diferença para algumas pessoas.
- **Explorar ritmos diferentes:** Para algumas pessoas, lavar uma pequena quantidade todos os dias é mais administrável. Para outras, é preferível ter um dia especial para lavar tudo, já que elas só precisam pensar em lavar roupa uma vez por semana.
- **Reduzir:** Ter menos roupas pode ser a resposta para os problemas de lavagem. Se você tivesse menos roupas, a quantidade para lavar seria menor. Mas se você pulasse um dia, poderia acabar sem roupa íntima limpa!
- **Armário com paleta de cores:** Um modo de reduzir o tamanho do guarda-roupa (e, portanto, a quantidade de roupas a lavar) sem sacrificar o número de looks é fazer um armário com paleta de cores. Escolhendo quatro a seis cores complementares você pode garantir que um número menor de peças componha mais looks. Outro ponto positivo é que o estresse de se vestir diminui, porque tudo combina com tudo.

- **Terceirizar:** Você pode pagar por uma lavanderia ou alguém que lave a roupa? Se lavar roupa é realmente o seu ponto fraco, por que não terceirizar a tarefa e seguir em frente com sua vida incrível?

louça
- **Tarefas de encerramento:** Tornar a louça uma parte das tarefas de encerramento permite que você cuide de uma quantidade administrável a cada dia sem ter que tentar ir lavando o dia inteiro.
- **Pratos mais leves:** Se você tem limitações de energia ou mobilidade, trocar pratos de vidro pesados por pratos de plástico leves pode tornar a tarefa de lavar louça menos exaustiva. Até mentalmente, os pratos mais leves podem fazer a tarefa parecer menos trabalhosa.
- **Um prato por pessoa:** Algumas famílias designam um copo, um prato e uma tigela (algumas vezes identificados pela cor) para cada pessoa. Os que têm idade suficiente são responsáveis por sua própria louça, e a quantidade limitada significa que você nunca vai ficar com uma pia lotada.
- **Direto na lavadora:** Se você tem uma lava-louça, pense em separar um tempo para tirar as coisas de dentro dela assim que se levantar pela manhã (talvez até acordando um pouco mais cedo para fazer isso). Desse modo, cada louça suja pode ser posta direto na máquina.
- **Pratos descartáveis:** Se você tem questões que tornam lavar louça um sério impedimento à sua qualidade de vida, pense em usar pratos descartáveis, mesmo que somente por um tempo. Pós-parto, perdas, episódios de depressão e problemas de saúde são situações que exigem toda a sua energia e sua atenção.

- **Local de louça suja:** Usar um escorredor de pratos só para a louça suja significa que, quando chegar a hora de lavá-la ou colocá-la na lava-louça, você vai se sentir menos sobrecarregado. Algumas famílias descobrem que comprar uma bacia para os pratos realmente aumenta a funcionalidade do espaço. Desse modo, os pratos sujos podem ser postos na bacia, mantendo a pia livre para outras necessidades.
- **Suporte extra para talheres:** Descobri que pescar os talheres sujos dentro de uma pia imunda era tremendamente repulsivo para mim. Comprei um segundo cesto para lava-louça e o coloquei na bancada, e agora posso colocar os utensílios sujos nele ao longo do dia e depois simplesmente trocá-los pelos limpos no fim do dia.
- **Lavagem por categoria:** Se você está em um estágio da vida no qual a louça simplesmente não para de se acumular, tirar um tempo para separar a louça em categorias pode ajudar a reduzir a sensação de impotência.

armazenamento e organização

- **Cestos:** Não raro a diferença entre bagunçado e organizado é um cesto no lugar certo. O segredo é colocar o cesto onde você já está fazendo bagunça. Uma pilha de sapatos perto da porta da frente? Cesto. Roupa suja na escada? Cesto. Lixo na mesinha de cabeceira? Cesto (de lixo).
- **Organizador vertical para bagulhos:** Se você tem gavetas ou caixas com bagulhos, uma sapateira transparente pendurada na parede ou atrás de uma porta pode garantir que você sempre tenha lugar para itens pequenos que você poderá ver com facilidade.

- **Armazenamento visual:** Algumas pessoas adoram ver superfícies livres e cômodos desobstruídos. Mas nem todo mundo se importa com a estética nem precisa desse tipo de função. Se você quer ter seus itens visíveis, pode projetar os próprios sistemas de armazenamento para isso. Caixas transparentes, ganchos nas paredes, bandejas e prateleiras extras são maneiras de dar um lugar para cada item e facilitar o uso e a memória.
- **Bandejas:** No momento existem quarenta itens em cima da ilha da minha cozinha. No entanto, ela parece arrumada porque esses itens estão compilados em uma decorativa bandeja giratória, uma fruteira de vidro, um cesto de pano cheio de comidinhas para bebês e quatro bandejas tipo escritório. Mesmo com esses recipientes, existe espaço livre suficiente para cozinhar, realizar passatempos e trabalhar.
- **Os armários não têm regras:** Um dia percebi que meu armário do corredor era uma espécie de rua de mão única. Eu vivia colocando (e entulhando) coisas nele, inclusive casacos, mas nunca tirava nada. Tinha dificuldade para me lembrar do que estava ali dentro, por isso montei uma barra de ganchos do lado de fora, para pendurar um casaco e uma capa de chuva para cada membro da família. Depois de perceber que o único armário do andar de baixo era um lugar idiota para colocar itens que quase nunca eram usados, transferi tudo o que estava dentro dele para um armário do andar de cima, instalei prateleiras e passei a utilizá-lo para guardar itens que anteriormente entulhavam a cozinha e a sala. Os armários não têm regras, veja bem. Você tem um armário que poderia lhe atender melhor?
- **Etiquetas:** Por mais que caixas e etiquetas personalizadas

sejam lindas, com frequência a busca pela perfeição estética impede verdadeiras melhorias funcionais. Post-its ou fita-crepe servem muito bem, e colocar uma etiqueta até em um trecho de prateleira indicando o "lar" permanente de um item pode ajudar na hora da arrumação.

- **Papéis e correspondências:** Costuma ser mais fácil guardar papéis importantes em uma pasta sanfonada. Se você tem dificuldade de manter a correspondência em dia, um sistema visual pode ser útil: anotando a data de pagamento e pendurando uma conta na geladeira ou em um quadro de cortiça. Algumas pessoas gostam de escanear os itens de valor sentimental antes de jogar o papel no lixo.

CONHEÇA ALGUNS DESTAQUES DE NOSSO CATÁLOGO

- Augusto Cury: Você é insubstituível (2,8 milhões de livros vendidos), Nunca desista de seus sonhos (2,7 milhões de livros vendidos) e O médico da emoção
- Dale Carnegie: Como fazer amigos e influenciar pessoas (16 milhões de livros vendidos) e Como evitar preocupações e começar a viver
- Brené Brown: A coragem de ser imperfeito – Como aceitar a própria vulnerabilidade e vencer a vergonha (600 mil livros vendidos)
- T. Harv Eker: Os segredos da mente milionária (2 milhões de livros vendidos)
- Gustavo Cerbasi: Casais inteligentes enriquecem juntos (1,2 milhão de livros vendidos) e Como organizar sua vida financeira
- Greg McKeown: Essencialismo – A disciplinada busca por menos (400 mil livros vendidos) e Sem esforço – Torne mais fácil o que é mais importante
- Haemin Sunim: As coisas que você só vê quando desacelera (450 mil livros vendidos) e Amor pelas coisas imperfeitas
- Ana Claudia Quintana Arantes: A morte é um dia que vale a pena viver (400 mil livros vendidos) e Pra vida toda valer a pena viver
- Ichiro Kishimi e Fumitake Koga: A coragem de não agradar – Como se libertar da opinião dos outros (200 mil livros vendidos)
- Simon Sinek: Comece pelo porquê (200 mil livros vendidos) e O jogo infinito
- Robert B. Cialdini: As armas da persuasão (350 mil livros vendidos)
- Eckhart Tolle: O poder do agora (1,2 milhão de livros vendidos)
- Edith Eva Eger: A bailarina de Auschwitz (600 mil livros vendidos)
- Cristina Núñez Pereira e Rafael R. Valcárcel: Emocionário – Um guia lúdico para lidar com as emoções (800 mil livros vendidos)
- Nizan Guanaes e Arthur Guerra: Você aguenta ser feliz? – Como cuidar da saúde mental e física para ter qualidade de vida
- Suhas Kshirsagar: Mude seus horários, mude sua vida – Como usar o relógio biológico para perder peso, reduzir o estresse e ter mais saúde e energia

sextante.com.br